ゆずをたっぷり、一年中楽しもう！

アツアツの水炊きにゆずこしょうとぽん酢、冬至はゆず風呂でポカポカ、
お雑煮にはゆずの皮をのせて……さわやかな香りで日々の暮らしに彩りを添えてくれる、ゆず。
ただ、一般的な使い道はそれほど多くはなく、ときにはあまってしまうこともあります。
そこで農家の暮らしに目を向けてみると、毎日の食事はもちろん、
家の掃除に傷の手当て、風邪予防にいたるまで、
生活のあらゆる場面でゆずを使いこなしていることがわかりました。
最近の研究では、ゆずの成分に、血中の中性脂肪を減らしたり、
血糖値や血圧を正常に保つのを助ける働きがあることもわかってきました。
調べれば調べるほど、ゆずってスゴイと驚くばかりです。

本書では、農家の雑誌『現代農業』の記事を中心に、ゆずの多彩な使い方をまとめました。
定番のゆずこしょう、マーマレード・ジャム、ゆず味噌などの作り方はもちろん、
皮や果汁を一年中楽しむ加工・保存のコツ、
ゆずの香りや酸味がぎゅっとつまったスイーツ、
タネの化粧水や黒焼き、乾燥ゆずなどの健康利用法や、ゆずの機能性成分の情報、
庭先や鉢で栽培するコツ、大きくなった樹を低く仕立て直す方法など、
ゆずのことがまるごとわかる、充実の内容です。
これを読めば、きっと庭に1本ゆずの樹が欲しくなること請け合いです。

農山漁村文化協会編集局

（黒澤義教撮影）

目次

※（ ）内に名前のある記事は取材記事です。

癒しのゆずスイーツ

（黒澤義教撮影、以下K）

ゆずのシフォンケーキ

口に入れると、ゆずの香りがふんわり広がる

島根●山根信子（工房さくら）

材料（直径20㎝のシフォン型1台分）
卵……L6個（卵黄と卵白を分けてボウルへ）
塩……少々
砂糖……120g
米油……60cc
ゆず果汁……70cc
ゆず皮（すりおろしたもの）
　……大さじ大盛り3
薄力粉……120g（ふるっておく）

作り方

1 ボウルに卵黄、塩少々と砂糖の3分の2（80g）を入れ、白っぽくなるまで泡立て器で混ぜる。米油・ゆず果汁・ゆず皮を加えて、全体がなじむまで混ぜる。さらに薄力粉を加え、粉っぽさがなくなるまで混ぜる。

2 別のボウルに卵白を入れ、残りの砂糖を2回に分けて加えながらハンドミキサーで泡立てる。角が立ってつやが出てきたらメレンゲのできあがり。

3 **1**に**2**のメレンゲを2回に分けて入れ、その都度さっくりと混ぜる。

4 型に流し入れて、型をテーブルに2～3回落として空気抜きをする。

5 170℃に予熱したオーブンで33～34分焼く（写真a）。

6 焼けたら10㎝の高さから型ごと落として底を平らにし、逆さまにして冷やす。ウイスキーのビンに乗せると風通しがよいのでおすすめ（写真b）。

7 竹串を型の中心部と生地の間に刺し、丁寧にはがす（写真c）。生地の側面を型の底方向に両手で押し込み、型から生地を離す。生地の底面も丁寧に離して型から取り出す。

写真 a

写真 b

写真 c

12㎡の小さな工房でお菓子の製造・販売をしています。たくさんあるお菓子のなかで、私を一番幸せな気持ちにさせてくれるのが、シフォンケーキです。

子どもの頃、毎年の秋祭りのときに、母がゆずあんを入れたもちを作ってくれました。それをヒントに、地元のゆずをふんだんに使ったゆずのシフォンケーキを開発しました。

ゆずの皮と果汁をたっぷりと使うので、濃厚なゆずの香りと酸味を味わえます。私の最高の自信作です。

すりおろしたゆずの皮、搾ったゆずの果汁を冷凍保存すれば、一年中作れます。

ゆずのカップケーキ

アクセントのゆであずきが、ゆずと相性ばつぐん

島根●山根信子（工房さくら）

材料（カップケーキ型約13個分）
バター……170g
米油……30g
（バターだけで200gでもOK。
米油を入れるとヘルシーになる）
砂糖……200g
卵……4個
ゆず皮（すりおろしたもの）……30g
ゆず果汁……10cc
薄力粉……200g（ふるっておく）
ベーキングパウダー……5g
甘く煮た小豆（固めに煮る）……90g

作り方

1. バターを冷蔵庫から出し、常温でやわらかくする（レンジで10秒ほど加熱してもいい）。
2. バター、米油をボウルに入れ、泡立て器で混ぜる。
3. 砂糖を数回に分けて加えて混ぜる。卵を2〜3回に分けて加えて混ぜる。
4. ゆず皮を入れて混ぜる。薄力粉を入れ、ダマが残らないようにしっかりとヘラで混ぜる。
5. ゆず果汁を入れ、混ぜる（バターの溶け具合で分量を加減する）。
6. カップ容器に70gずつ入れ、煮た小豆を上にのせる。
7. 170℃に予熱しておいたオーブンで23分ほど焼く。
8. 焼きあがったら網の上にのせ、ラップで覆って冷ます（そのままだとパサパサになるため）。

※煮た小豆は、少し生地に埋め込むようにすると、焼いたときに硬くなりにくい

(K)

(K)

ゆずのチーズケーキ

ゆずの香りと甘酸っぱさがくせになる、和のチーズケーキ

島根●山根信子（工房さくら）

材料（直径18㎝の丸型１個分）

クリームチーズ……200g（常温に戻しておく）

砂糖……60g

卵……２個

薄力粉……30g（ふるっておく）

生クリーム……200cc

ゆず果汁……20cc

ゆず皮（すりおろしたもの）……大さじ３

バター……20g

作り方

1. ボウルにクリームチーズを入れ、ヘラで練ってなめらかにする。
2. 砂糖を加えて泡立て器で混ぜる。
3. 卵を数回に分けて加えて混ぜる。
4. 薄力粉、生クリーム、ゆず果汁、ゆず皮を加えて混ぜる。
5. バターをレンジで溶かし、加えて混ぜる。
6. 型にクッキングシートを敷いて、**5**を流し入れる。
7. 180℃に予熱しておいたオーブンで約40分焼く。
8. 焼けたら常温に置いて冷まし、あら熱がとれたら冷蔵庫で冷やす。

（戸倉江里撮影）

ゆずようかん

ゆずをまるごと楽しめる、上品なお菓子。贈り物にもぴったり

福岡●末時千賀子

材料

黄色く熟れたゆず……6～7個
さらしあん……150g
砂糖……500g
塩……小さじ1/2
寒天（水に浸けて30分置く）……1本
水……2カップ

山口県萩市で食べた、夏ミカンの丸漬けをヒントにつくりました。ゆずなら皮もやわらかく、くり抜きも簡単。手作りのお歳暮やお節料理に欠かせない一品です。重箱のフタをとったときの芳ばしい香りがなんともいえません。

作り方

1 ゆずのヘタを切り、スプーンで中をくり抜く（中身はゆず酢にとっておき、タネは焼酎漬けにするとよい）。
2 さらしあんに熱湯をたっぷりと入れてかき混ぜる。しばらく置いて上澄みを捨てる。
3 **2**に砂糖と塩を入れて煮詰める。
4 寒天を分量の水で煮溶かして**3**に入れる。つやが出るまで練る。
5 あんが熱いうちに**1**のゆず釜に流して冷ます。新しいうちは皮にほろ苦さが残る。冷蔵庫や冷凍庫でしばらくおくと、苦みは抜ける。

ゆずピールショコラ

苦みのある和のピール。
ブランデーとどうぞ

材料

ゆず……2個
きび砂糖……50g
チョコレート
（ブラック）……30g
ココアパウダー……適量

作り方

1 ゆずはよく洗い、白いワタをつけて皮をむき、幅5㎜に切る。

2 **1**をたっぷりの水でさっとゆで、ゆで汁を切り、一晩浸水させる。

3 水を捨てて再びたっぷりの水でゆでる。沸騰して3分したら、冷水にとり、丁寧に洗い、水気をよくきる。

4 鍋に**3**と砂糖の半量と水3分の1カップ（分量外）を入れ、フタをして10分弱火で煮、さらにヘラで混ぜながら水分がなくなるまで煮詰める。

5 別鍋に残りの砂糖と水大さじ1（分量外）を入れ、火にかけて砂糖が溶けたら、**4**を加えてかき混ぜながら、水分をとばす。砂糖が結晶状になったら完成。

6 ボウルに刻んだチョコレートを入れ、湯煎にかけてヘラでゆっくり溶かす。

7 **5**を**6**にたっぷりとくぐらせ、オーブンシートを敷いたトレイの上に並べ、冷蔵庫で20分冷やす。チョコレートが固まったら完成。仕上げにココアパウダーをまぶす。

※好みでブランデーにつけて食べる

（武藤奈緒美撮影、料理・スタイリング：Hikaru）

（小倉かよ撮影、以下O）

ゆずの甘酒プリン

とろんとした食感がうれしい、冬のデザート

徳島●椿山悦子

材料（４～５人分）

ゆず……５個
甘酒……250g
粉寒天……小さじ１
豆乳……カップ１
くず粉……小さじ１
塩……ひとつまみ

作り方

1. ゆずの頭のほうを水平にカット。さじなどで中身を取り出し、果汁は搾っておく。
2. 鍋に甘酒、粉寒天を入れ、ダマにならないようによく混ぜる。豆乳を少しずつ入れて溶く。
3. **2**にゆずの果汁を入れ、弱火にかけゆっくりと火を入れる。全体になじんできたら、くず粉を水溶きして入れ、とろみをつける。
4. ほどよく仕上がったら、塩を入れ、器のゆずに入れる。

　ゆずをまるごと食べられる、見た目もかわいらしいデザートです。ゆずの果汁も入っていて、ゆず皮の香りもたっぷり。常温で固まるので、冷やさずそのままのほうが口当たりがやわらかいです。

第1章

ゆずを長く楽しむ加工と保存のワザ

果汁と皮のかんたん保存術

冷凍する

(依田賢吾撮影、以下Y)

製氷皿でゆず氷

高知●根木勢介

私の育った安芸市では酢といったら「ゆず果汁」のこと。秋の神祭時季になると、秋のサバをこの酢でしめて食べます。サバを半開きにして、一昼夜ゆず果汁の中に漬け込むのです。

このような環境下で育った私にとって、ゆずは日常生活に欠かせないものです。刺身を食べるときに醤油代わりに使ったりもします。

そんな私のゆずの活用法のひとつが、ゆず氷。ゆず果汁を製氷皿で凍らせておき、何にでも使います。

刺身醤油も、ゆず氷を入れて少し冷たくすれば、なおおいしくなります。

また、焼酎にゆず氷を入れてゆず割りにします。オンザロックとしてウイスキーにも使えます。リンゴジュースを作るときに少しゆず氷を入れると、ジュースが黒ずみません。

未熟な青ゆずでなく、成熟した黄ゆずのほうが、酸っぱい中にも少し甘味があるので、私は好きです。

まるごと冷凍もOK

福岡●山本由利子

もぎたてをそのままビニール袋またはジップロックに入れて冷凍するだけで、2年くらいは新鮮な状態で保てます。使うときだけ冷凍庫から取り出し、凍ったまま、使う量だけ皮を包丁で切ったり、すりおろしたりして使います。

ゆずは果汁だけでなく、果皮や果肉も利用できる。一次加工して保存しておけば、使うときに便利（K）

これで一年中使える！ 外皮、内皮、果汁に**分けて冷凍**

福岡●尾崎正利

果汁も皮も使いつくす

私が住む九州では、秋に山間部に行くと、直売所で青果のゆず玉やゆずこしょうなどが売られているのをよく見かけます。また、私たちの農産加工所には、毎年のように農家から「家にゆずがあるから何かに使えないでしょうか？」という相談が寄せられます。

たとえば家にゆずの樹が2～3本あって、表年で40kgほどもとれるようであれば、食卓を豊かにすると同時に加工品作りにも生かせます。果汁を搾って食材に振りかけるだけでなく、皮も果肉も使いつくしたい素材です。

青玉の頃は若いさわやかな香りが料理に合いますし、完熟すると果汁と皮の両方を利用できます。果汁はそのまま酢として使え、お好みで副材料や調味料、スパイスとブレンドしてぽん酢やドレッシングとして風味を楽しめます。

また、皮は形を残して甘露煮などにするのもよいですし、ミキサーで粉砕してソースに加えると肉や魚の臭みを抑えるマスキング（包み隠す）の効果をもたらします。特に味噌味やニンニク風味などとの相性がよいと思います。

確実で手間いらずの保存方法

ゆずの場合、問題は11～12月に収穫した青果を鮮度よくまるのまま保存するのが難しいところです。そのまま樹上に置くと、霜に当たり急速に劣化して「ス上がり」も進みます。このため、一番確実で手間いらずの保存方法として「解体処理して冷凍しておく」ことをおすすめしています（次ページ）。

果汁と外皮と内皮に区分して貯蔵しておくと、調理・加工素材として一年中使えます。使うときは組み合わせても、単独でもよいです。ゆずダイコン漬けなどでは、香りをつけるために外皮と果汁を使用します。ジャムやドレッシングの場合、旨みを補うために内皮が欠かせません。また、内皮はピューレにして、お菓子などにも利用できます。

（有）職彩工房たくみ

ゆずの解体・冷凍保存方法

【外皮】

適当な大きさに刻み、たっぷりの湯で10～20分ゆで、水にさらす。ときどき揉みながら水を何度か替え、苦みを抜く。苦みがほどよくなったら、水を切ってからよく絞り、ラミネート袋などに入れて冷凍。

外皮は用途に応じた大きさに刻み、ゆでる

【内皮】

ミキサーで粉砕してから、ラミネート袋などに入れて冷凍。

タネを取り除いた内皮

①ゆずをゆでる

沸騰した湯でゆずをまるごと1分ほどゆで、水に浸けて冷ましながら表面を洗って汚れを落とす。

ゆでると皮がやわらかくなり、果汁が搾りやすくなる

②解体する

ゆずを包丁で半分に切り、果汁を搾り、果汁からタネを取り除く。搾り粕は、外皮と内皮（じょうのう）に分ける。内皮に残った細かいタネもはずす。

内皮を取り除いた外皮。内皮は手ではがしてもよいが、スプーンを使うとラクで、きれいにとれる

(Y)

【果汁】

ラミネート袋などに入れ、空気を抜き、封をして冷凍。または80℃で加熱し、アクをとり、ビン詰めして冷蔵。

月末、和歌山県の
あいのゆず

たくさん
搾りたいときに

ゆずの搾り器３種

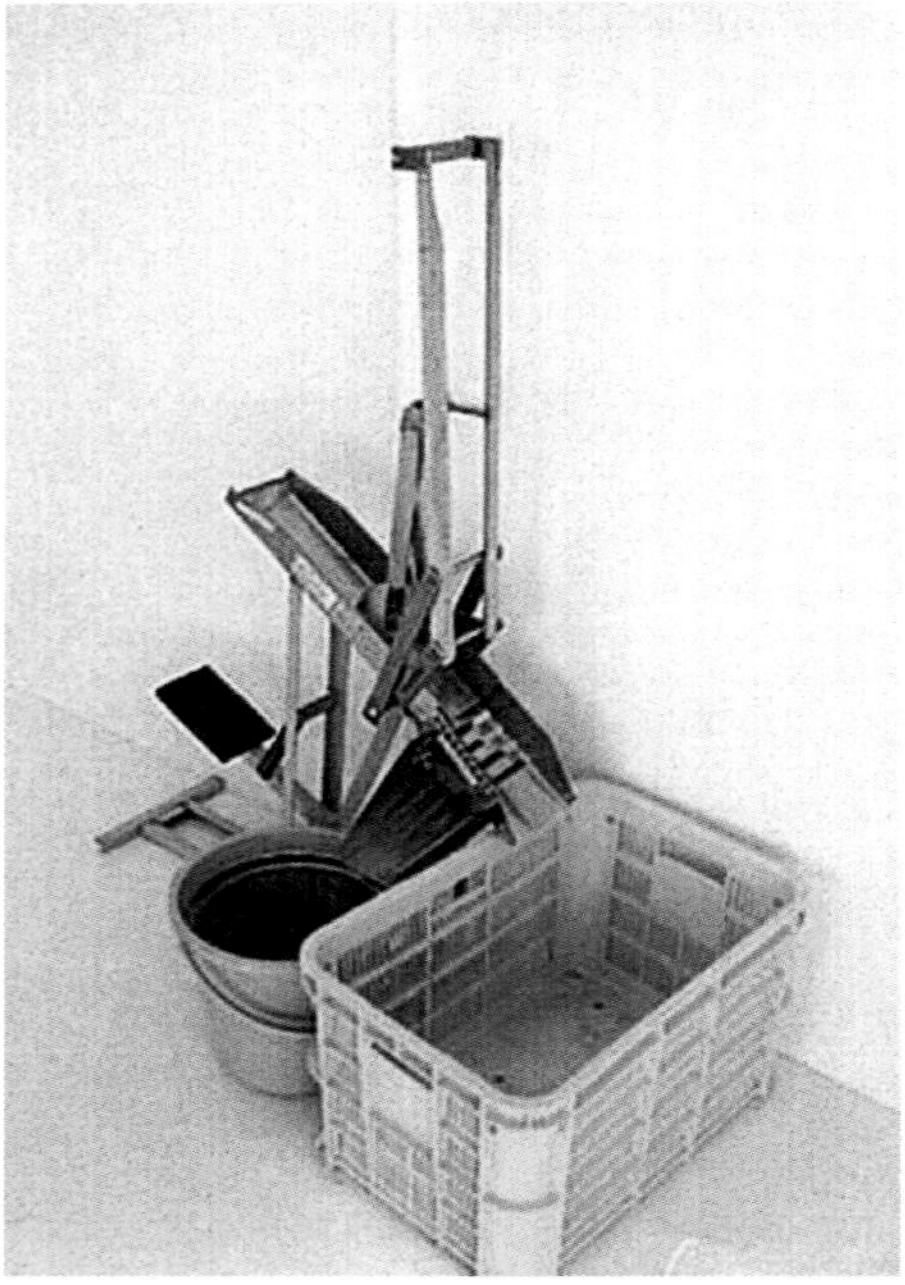

手足兼用式の搾り器

手押しだけでなく、足踏みもできる搾り器。ゆずを潰す押し板の取っ手もバネの力で自動的に上がるので、あまり力を使わずにたくさん搾れる。押し板の裏側にちょっとした刃があり、果実を切断しながら搾るようになっている。外皮の裂け目が少なく、タネも切断しにくいので、苦みが少なく香りもよい酢になる。

製造元　南陽　徳島県　tel 0884-22-0630
「柑橘しぼり器　手足兼用タイプ　NJ-10」
53,900円（税込）

木製の搾り器

ゆずの本場、高知県で出回っている木製の搾り器。刃の付いている板の間に、ゆずを挟んで搾る。皮ごと搾れるので、手間をかけずにたくさんとれる。ただ、力いっぱい押すと、皮の油まで出すぎて苦くなるので「おばあちゃんが押さえるくらい」の力でやるのがおいしく搾るコツ。

販売元　ホームセンターゆうきち　高知県　tel 088-864-2236
「ゆず搾り器（木製）」7,313円（税込）

コンパクトな卓上型の搾り器

手押しタイプの搾り器。持ち運びもでき、ゆずを皮ごと１個ずつセットして、手でギュッと押して搾る。搾り粕は下のバケツに落ち、果汁はザルでタネを漉してから容器に受け止められる仕様。25kgを搾るのに１時間くらい。

製造先　南陽　徳島県　tel 0884-22-0630
「柑橘しぼり器　卓上タイプ　NJ-3」
26,400円（税込）

乾燥する

ゆず皮粉末を年中フル活用

福岡●池尻セツ子

ゆず茶

お湯 200ccに、ゆずをスライスして天日に干したものを２枚入れるだけで、ゆずの香りで癒やされ、とてもあたたまる。さらに同じく干したリンゴを２枚、切り干し大根少々を入れると、とっても味がまろやかになる。甘みはグラニュー糖か、ステビアの葉を４、５枚。夏は冷やしてもいい。

私は黄色いゆず皮を天日に干して、ミキサーで粉末にします。またゆずをスライスして天日干しにもします。これらを利用して、冬はホットでポッカポッカに、夏はクールでさわやかに、一年中ゆずの香りを楽しんでいます。

天日に干すと虫が付きます。そこで金網のついた枠を2枚1セットで2組作りました。ゆずの皮やスライスを金網で挟むようにして干し、虫を防ぎます。

他にもこんな使い方

ゆずなます

ダイコンやニンジンは千切りにし、ゆず皮粉末を加え、ゆず酢を加えた味噌、砂糖、醤油少々とイカ、ワカメを加える。

ゆずかきもち

蒸かしたもち米が熱いうちに、ゆず皮粉末とベーキングパウダー少々、塩ひとつまみ、ゴマ少々、砂糖をお好みで入れて、もちを作る。これを牛乳パックに流し込む。数日後、まだ少しやわらかいときに３～５㎜に切り、風通しのよいところで干す。焼いても揚げてもいい。

ゆずゼリー

ゆず皮粉末に、寒天、水、グラニュー糖、ハチミツを加えてよく混ぜる。冷蔵庫に入れて固める。上にサクランボや生クリームをのせて。

ゆずシエイク

湯冷ましを作り、そこにゆず皮粉末と砂糖かグラニュー糖を加えてよく混ぜる。これを製氷皿に入れて凍らせる。ミキサーで氷の形が残るくらいにする。練乳か牛乳をかける。

パラパラ感が人気
30年作り続けた**ゆずこしょう**

福岡●古賀紀美子さん

青ゆずと青とうがらしで作ったゆずこしょう

ゆずこしょうが今、ブーム

ピリッと辛い、それでいて強くさわやかなあの独特の香り……。今、巷では「ゆずこしょう」がちょっとしたブームを巻き起こしている。こしょうと聞くと、あのクシャミを催す香辛料を思い浮かべるかもしれないが、そうではなくて、とうがらしのことである。そこにゆずの皮が混ざっているから、ゆずこしょう。

もともとは九州地方のごく家庭的な調味料だったのが、今やその知名度は全国区である。企業も競うようにして商品開発に乗り出しはじめ、空港ではお決まりの土産品となり、都市部でも大きな量販店には必ずといっていいほど置いてある。すっかり市民権を得ている。

ただ、そんな中でもやはり、負けていないのが、直売所での「農家ゆずこしょう」である。ゆずは農家にとって、昔から庭先に生えている普通の果樹、それが近頃になって、当世風の加工品に次々と生まれ変わっているのだ。

辛いのは苦手…、でもゆずこしょう

福岡県久留米市の古賀紀美子さんも、さすが本場だけあって、ゆずこしょうを作り続けてかれこれもう30年近くになる。やはりまわりでのゆずこしょう熱はここ何年かで急上昇。これには加工を手掛ける本人でさえもちょっと呆れてしまう。

「妹は豚肉を炒めるときの味つけに使うというし、甥っ子なんて、直接ご飯にかける。なにもそこまでして食べんでよかろうって思うんだけど……」

じつは紀美子さん、辛いのは大の苦手ときている。皮膚が敏感なので、ゆずこしょうを作るときは、厚手の手袋をはめ、眼鏡をかけ、口元にはタオルをグルグル巻きにしてと、完全防備。胃が弱いので、味見は父ちゃんに一任。「なにもそこまで」という言葉が、そのまま紀美子さんにも当てはまりそうだが、それでも毎年8月も末になれば、10日間ぶっ続けで一年分のゆずこしょう作りに励む。贔屓にしてくれるお客さんがいるからである。

年間80kg売れる

そもそも紀美子さん、結婚前はなんとゆずでさえ「好かんかった」そうである。それを克服できたのは、父ちゃんが温州みかんの樹にゆずの「多田錦」を接いだからである。この品種は小玉でタネなし。香りのよさも手伝って、紀美子さんは「ゆず嫌い」から一変して「ゆず派」へと転身したのであった。そして、ゆずこしょうに辿り着

タネなし、小玉品種の「多田錦」

いた理由も簡単、摘果した実（青ゆず）がもったいないからだ。

もっとも当初は、友だちにあげるだけなので、量はせいぜい2kg程度であった。それが評判となり、自分にも分けてくれという人が現われだしたのを機に、販売開始。量は4kgとなり、8kgとなり……、ついにはなんと80kg。2カ所の直売所で、1パック70g入り250円で一年中売れ続ける量である。

「テレビでもゆずこしょうのことを盛んに放送してたでしょ。それでブームになって、売れ行きもえらい伸びたのよ」

ちなみに過去の記録としては、2日で100パックさばいたこともあるとか。

「今じゃ金額的には、生果よりもゆずこしょうの売り上げのほうが上でしょうね。黄ゆずは冬至の時季だけだけど、ゆずこしょうは一年中売れるのが大きい」

売れるゆずこしょう
——人気の秘密

▼パラッとして、使いやすい

紀美子さんのゆずこしょうが受けている理由はまず、「ネチーッとした」タイプではなく、「サラッとした」タイプだからである。お客さんは、ゆず

温州みかんの樹に接いだ「多田錦」。紀美子さんのうちには7、8本ある

こしょうを味噌汁に入れたり、豚汁に入れる人が多い。その際、「パラッとパラける」ほうが、うまく混ざって具合がいいそうなのだ。

▼塩ではなく、激辛とうがらしで強い味

それから味の濃さ。これも注文が多い。

「お客さんは塩で辛くするのは嫌がるけど、こしょう（とうがらし）で辛くする分には、どげん辛くなっても文句をいわない」

だから、普段使っている「鷹の爪」を、一部もっと辛いとうがらしに置き換えるなどして対応している。ただ、紀美子さんの栽培している激辛とうがらしは水分が多いので、入れても全とうがらし量の4分の1に留める。それ以上になると、仕上がりが「ネチーッと」してしまうからである。

▼アルミホイルで変色防止

売り場では色合いも大事な要素である。紀美子さんは黄ゆずも使わなければ、赤とうがらしも使わない。もっぱら青ゆずと青とうがらしの組み合わせ。やはり断然人気がある色なのだ。

ただ、かつては紀美子さんも、時間が経つにつれての変色にはほとほと手を焼いていたという。イベント販売では直射日光が当たって赤っぽくなってしまう、直売所でも冷蔵庫の光のせいで色がくすんでしまう。そこで思いついたのが、パックをひとつずつアルミホイルで包みこむ作戦。これなら光を遮断できるので、ゆずこしょうはいつまでも青々。鮮やかなままである。直

1年前に作ったゆずこしょう。冷蔵庫で保存して、味がなじむとこんな色になる。作り方や包装の仕方を工夫しているので、茶色くなることはない。詳しい作り方は次ページから

果肉を搾ったゆず酢。これをビンに入れて、冷蔵庫で保管する

売所でも真似する人が増えてきたそうだ。

酸っぱいの大好き！ 残った果肉を搾ってゆず酢

「辛いのはダメでも、酢は好いとるとですよ」

極度の辛さアレルギーでゆずこしょうを味わうことさえできない紀美子さんも、酸っぱさだけは「大」がつくほどの得意分野なのである。しかも、どんなに度が過ぎても平気。たとえば、地域の寄り合いなどで気を利かして酢の物を振る舞おうと思っても、「ちょっとやめとかんね」「あんたはせんでいい」といわれてしまうのがオチだという。好きが高じて、酢をきつくしすぎてしまうからだ。

そんな紀美子さんにとっては、多田錦が他のゆずに比べて「えらく酸っぱい」のも都合がいい。ゆずこしょうを作ったあとに残る果肉を搾って、ゆず酢を溜めこんでいる。酢の物、寿司飯、しめサバ、焼き魚、青菜の塩漬けなど、食卓では「ガンガン使う」。醤油と混ぜては、から揚げにかける、カツオのたたきにかける。一家揃って、ゆず酢大量消費の日々である。

また、甘いものも好きな紀美子さんは、完熟ゆず（黄ゆず）の皮を、ジャムやマーマレードにして楽しんでいるという。

古賀さんの

ゆずこしょうの作り方

材料

青ゆず、青とうがらし（ヘタを取る、タネは入れる）、食塩

※両方がとれる8月下旬～9月上旬に作る

❶ゆずの皮をむく

ゆずの皮は時間を置くと変色してしまうので、むいたらすぐに使う。前日にとうがらしを収穫してヘタを取っておき、加工当日にゆずを収穫する。

❷2ℓぐらい入るミキサーにとうがらしとゆずの皮を半々ずつ入れ、塩をおたまで１杯

塩は普通の食塩が一番。にがりやミネラル入りの塩を使ったこともあるが、ゆずこしょうの色がすぐに悪くなってしまった（食塩の量は、一般的にはゆず+とうがらしの重さの20％程度）。

❸ミキサーにかける

フタは開けっぱなしで、ヘラで押し込むようにすると、水気がなくてもちゃんとミキサーはまわる。

❹これぐらいの状態になったらミキサーを止める

あまり細かくしすぎるとベターッとなってしまうので、少々粗いぐらいがちょうどよく、料理にも使いやすい。

できたては青臭く、とうがらしのにおいがきつすぎるので、1カ月以上冷蔵庫で寝かせてから販売。塩がなじんで、味がまろやかになる。

❺パックに詰めて販売

変色を防ぐため、パックをアルミホイルで包む。袋の上にラベルを貼る。色は底から見えるようになっている。

※青とうがらしは刺激が強いので、作業の際はゴム手袋をつける。できればサングラスやマスクで顔も保護するとよい

こんな料理に**ゆずこしょう！**

スーパーでゆずこしょうやすだちこしょうをよく買うんですが、さすがに農家手作りのゆずこしょうのほうがうんとおいしい。香りが違う。主人が「スーパーのゆずこしょうは負けたな」といってましたよ。
私は、こんにゃくや豆腐など、さっぱりしたものにつけるとよく合うと思いました。焼き鳥や、塩・こしょうしてフライパンで焼いただけの鶏肉もどんどんいけちゃう。主人はいつも以上にお酒が進んでいました。それにしても、鶏肉に添えたゆずこしょうはちょっと多すぎましたね。

（撮影・調理した小倉かよさん談）

香り高き絶品
ゆずこしょうのコツ

鹿児島●内村之重

青ゆずの皮と青とうがらしで作ったゆずこしょう。ゆず皮はとうがらしの倍以上入っている。65g600円で販売

Uターンして、ゆず生活に突入

40年ほど前、まだ学生だった頃に今は亡き父と徳島県の木頭村にゆずを求めて渡り、乗用車に３００本ほどの苗木を積んで帰り、3反ほどの水田に植えました。その後しばらく故郷を離れていましたが、サラリーマンを27年で切り上げてUターン。ゆず畑の真ん中に居を構え、ゆずに囲まれた生活をするようになって7年が経過しました（現在、ゆずは２００本ほどになっています）。

その間、「農文協読者のつどい　加工講座」に参加するなどして、全国には食品加工に対する工夫や情熱など高いレベルのノウハウを持つ人が多くいるのだとわかり、大いに啓発を受けて現在に至っています。

フードプロセッサ2台で、ゆずの香りを残す

ゆずの加工では、まずゆずこしょうに取り組みました。少量でしたが、おろし器とすり鉢で作ったものが友人にかなり好評で、またゆずこしょうブー

ムが来たりしたので、いろいろ試行錯誤してみました。

　問題は、ゆずをすり潰すとき腕が疲れるのもさることながら、おろし器の刃がどんどん磨り減ってしまうことでした。ミキサーを使ってみましたが、水分が少なく、材料が側面に張りついてしまうので、うまく循環しません（スイッチを入れたままミキサー本体を抱えて振ってみたりもしました）。

　そしてやっとフードプロセッサにたどり着き、かなりスムーズに加工ができるようになりました。ただ、青ゆずの皮と青とうがらしと塩を入れて攪拌すると、とうがらしの成分に負けてしまうのか、ゆずの香りがグーンと弱くなります。そこでまたひと工夫です。

①まず、前日までにとうがらしだけ高速のフードプロセッサ（ロボ・クープ製）で砕いておき、辛い成分の勢いを弱める。

②直前に、低速のフードプロセッサ（テスコム製）でゆず皮を粗挽きする。

③最後に全部まとめて高速フードプロセッサで仕上げる。

　この方法をとるようにしたところ、ゆずの香りが保てるようになりました。ゆずは多少ツブツブ感が残ったほうがよいようです。

筆者。ゆずの加工品各種を販売。ゆずこしょう作り教室を毎年開催

好まれるゆずこしょうのポイント

　その他、人気のゆずこしょうを作るには、次のような点が大事だと思います。

▼とうがらしは日本の品種

　このあたりでは青とうがらしを売っていないので、すべて自分で栽培しています。外国産の品種も少しずつ試しましたが、やはり国内の品種がしっくり合うように思います。

▼ゆず皮はとうがらしの倍以上

　ゆずは豊富にあるので、量を多めにしています。これもゆずの香りを活かすポイントで、売りにもなります。

▼ゆず皮はむいたらすぐ使う

　電動でゆずの皮をむく機械も購入しましたが、扱いに熟練を要します。また、むいた皮は早く処理しないと黒ずんでしまうため、今は1日に加工する分量だけ包丁で皮むきしています。

▼塩は13％

　四国の産地に伝わる製法なども研究しましたが、昔は保存食として作っていたので、塩を割合多く加えていたようです。「市販されている大手のものはショッパイ」というお客様の声もよく聞きます。今は減塩のものが好まれるようです。

　私はゆずこしょうを冷蔵保存が必要な嗜好品と位置づけ、塩は材料の13％と少なめにしています。

▼少量ずつのほうがよく売れる

　最初は140gのビンに入れていましたが、今は65gにしています。昨今の風潮からは小分けしたほうが好まれるように思います。

▼ひと目でわかるネーミングに

パソコンでラベルを作り、商品名やデザインもいろいろ変えたりしましたが、商品名は変えないほうがいいようです。うちでは「ゆず小姓」という商品名にしています。

鍋物の季節にはよく売れる

ゆずこしょうは鶏の炭火焼きに添えると、焼酎のお湯割りによく合います。煮物、焼き物など、鶏料理全般と相性がいいように思います。また、ワカメスープに加えるとピリッとします。軽い二日酔いのときなどには、なかなかいい感じのスープになります。

地元の直売所とホームページで販売していますが、特に鍋物の季節はよく売れており、まあまあといったところでしょう。

また、毎年、「MYゆずこしょう作りイベント」を開催し、馴染みのお客さんに参加してもらっています。辛口好みの方にはハバネロを何個か混ぜます。

青から黄まで ——ゆずの楽しみ方

ゆずはお盆の頃になるとピンポン玉くらいになるので、それを少しだけ直売所に並べます。皮をすりおろして、冷やしソーメンの出汁に入れるのがおすすめです。

10月上旬になればゆずの青玉も直径5～6㎝になるので、いよいよゆずこしょうの加工です。搾汁も可能になります。

10月下旬頃には黄色く色づき、熟したやわらかい香りになってきます。この時期にゆず酒を仕込むと、正月には飲み頃になります。

黄色いゆずの需要が多くなる時期はもう少し先ですが、雪が降ると収穫作業ができないので、小雪が舞いだす直前の11月末～12月初めにすべて収穫します。冬至までに出荷を終えて、自宅の新年のお飾り用を少しだけ残しておき1年の作業を終了します。

砂糖でまろやか

日持ちする赤ゆずこしょう

佐賀●永渕晴彦さん

永渕さんの家では、青ゆずこしょうは「色が変色するから」と人気がない。もっぱら赤ゆずこしょうが大人気。82歳になる永渕さんのお父さんも大好物で、野菜炒めや味噌汁、刺身、何にでもかけて食べている。じつは高血圧ぎみなのだが、家族の中でいちばん元気なのだとか。隠し味に砂糖が入っていて、防腐剤の役目をし、味がまろやかになる。

季節によって変わる 三色ゆずこしょう

福岡●矢野啓子

1ビン50g入り315円で販売しています。1回に作る量は20~50本（1週間ぐらいで完売）、年間で500本くらいです。ビン詰めしたらまず20本くらいを店頭に置き、残りは冷凍しておきます。売れ次第補充するようにす

しょっぱくて辛いけれども、砂糖のせいか、あとを引く旨さ

ゆずととうがらしの色の組み合わせ

青ゆずと赤とうがらしの組み合わせは、どす黒い茶色になり見栄えが悪いのでボツにした

永渕さんの

赤ゆずこしょうの作り方

1. 9月頃、赤とうがらしをミキサーに6～7分目まで入れ、塩を大さじ山盛り2杯、白砂糖大さじすり切り1杯を入れてミキサーを回す。
2. 大きなタッパー（密閉容器）に移し、ゆずが色づく時期まで置いてなじませる。
3. 11月頃、黄色くなったゆず20個分くらいの皮を包丁でむき、ミキサーにかける。
4. 赤とうがらしのタッパーに移し、混ぜ合わせて完成。

※タッパーは常温で保存。食べる分だけ小ビンに移す。小ビンは冷蔵庫で保存

れば、店頭で色落ちすることもありません。

とうがらしは青（未熟）、赤（完熟）、黄（激辛品種）、ゆずは青と黄、組み合わせをかえながら、色と味を調節しています。お客さんからは、「香り、色、辛み、塩加減が絶妙」「冷凍していても作りたてと同じフレッシュさがある」と好評です。

矢野さんの

ゆずこしょうの作り方

1 ゆず皮ととうがらしをそれぞれ別々にフードプロセッサにかける。

2 砕いたゆず皮ととうがらしを合わせて、塩も加えて、ミキサーにかける（とうがらしのタネさえ残らないぐらいに細かくする）。

※なめらかで、汁に溶けやすいゆずこしょうができあがる。分量はお好みで

果肉入りでご飯のおともになる「食べるゆずこしょう」

何はなくともユズコショウ！
ご飯が進むわ〜
のりの佃煮のCMみたいだな

画　こうま・すう

熊本県芦北町の福島さんは、ゆずをまるごと使ってゆずこしょうを作っています。皮だけでなく、果肉も入れてしまうのです。

作り方はまず、ゆずを縦に四つ割りし、真ん中の芯（筋）の部分を取り除きます。それをまた半分に切り、フードカッターにかけ、とうがらし、塩も加え混ぜ合わせます。分量はお好みで。福島さんはだいたいいつも切ったゆずを二つかみ、とうがらし一つかみ、塩大さじ2杯で作っているそうです。青ゆずと青とうがらし、黄ゆずと赤とうがらし、2つの組み合わせが楽しめます。

仕上がりは、果肉が入っているおかげか、ねっとり。まるで海苔の佃煮のよう。「食べるゆずこしょう」として、いつもご飯のおともにしているそうです。弁当にも欠かせません。

（農文協地域普及グループ）

マーマレード・ジャム

タネのペクチンでよく固まる
低糖マーマレード

岐阜●寺町みどり

12月になると、庭の花ゆずの実が黄色く色づきます。年が明けたら果実を全部収穫して果汁を搾り、皮や内皮はマーマレードにします。

花ゆずは本ゆずより実が小さめですが、背丈ほどのコンパクトな樹形で、手入れも伸びた枝を切る程度で簡単。捨てるところのない花ゆずが庭に1本あると重宝します。

完成したマーマレード。筆者はいつも超低糖で作る

下準備

●ゆず果汁を搾る

1. 収穫した大量の実を50℃の湯で洗い、1個ずつ拭き、水分や汚れを取る。
2. 横半分に切って、ペティナイフでタネを取る。
3. 搾り器で果汁を搾り、果汁をビンに詰めてザルでこす。

●ペクチンを作る

＊低糖で作ると固まりにくくなるので、ひと手間加える。タネを一晩水に浸し、レンジで1分ほど加熱。トロッとした水（ペクチン）が出るので、タネを取り、煮る際に加えるとよく固まる

長期保存もできる基本の作り方
ゆずジャム

熊本●矢住ハツノ

ゆずは酸味が強くペクチンが多いので、ジャムに最適です。表皮に傷のない重みのあるものを選び、使用するまでは、紙やラップで包んで水分がとばないようにしておきます。冷蔵庫に入れると香りがなくなります。色よく香りよく作るためには、煮つめる時間はなるべく短めに。強火で20分くらいで仕上げるのがポイントです。鍋はステンレスやホーローなど、酸で腐食しない素材を選びます。

ここで紹介するのは皮を裏ごししたジャムにする方法ですが、皮の形を残したマーマレードにしたい場合は、皮を薄く千切りにして水にさらし、1~2回ゆでこぼして苦みを抜いてから、皮の半量の砂糖や果汁、ティーパックに入れたタネと一緒に煮つめるとよいでしょう。

マーマレード作り

4 **3**で残った皮を内皮（じょうのう）ごと千切りにする。タネが入ると苦くなるので、小さなタネまでスプーンで丁寧に取り除く。

5 刻んだ皮は2回ほどゆでこぼし、苦みを減らす。苦みが好きな人は回数を減らすなど調節。

6 写真の分量のゆずに対し、ヒタヒタになるくらいの水とテンサイ糖大さじ1～2杯を加え、焦げないように混ぜながら1時間ほど弱火で煮る。その後、ハチミツを大さじ1～2杯ほど加えて約5分弱火で煮ればできあがり。

7 ビンに詰め、フタを緩めて鍋で煮沸し、最後にフタをきつく閉めて脱気する。きちんと脱気できていれば、冷めたときにフタがへこむ。事前に煮沸した容器を使い、完全に脱気すれば、低糖でも常温で1年ほど保存可能。

ゆずジャムの作り方

材料
ゆず……500g
砂糖……550g
水……350cc

1

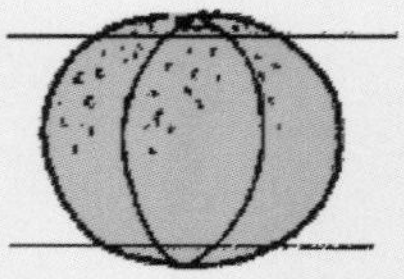

ゆずはよく洗って、
皮と果肉に分ける。

2

皮は細かく刻む
タネ
残り粕
搾った汁

果汁をとった残りの粕も刻み、それらをタネと一緒に水を加えて20～30分煮て裏ごしする（ペクチン抽出）。

果肉は内皮ごと大きく刻み、
袋に入れて果汁を搾っておく。

3

裏ごしにかける

4

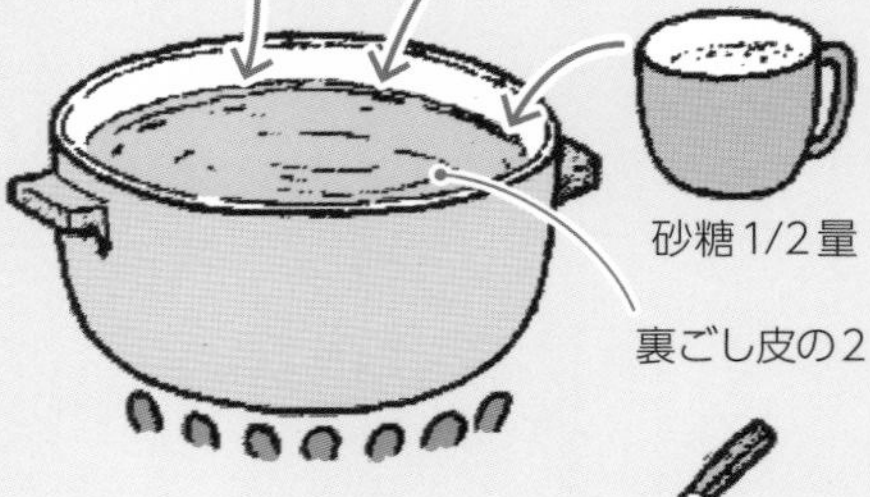
砂糖 1/2 量
裏ごし皮の２～３倍量の水

2～3倍量の水を加え、果汁と半量の
砂糖とともに鍋に入れて火にかける。

5

砂糖 1/2 量
アクをとる

煮立ったら途中でアクをとりながら、残りの砂糖を加えて煮つめる。水を入れたコップに汁を1滴入れて、ふわふわと平らに下に落ちるくらいになったら完成（水の中で散る場合は未完成）。

6

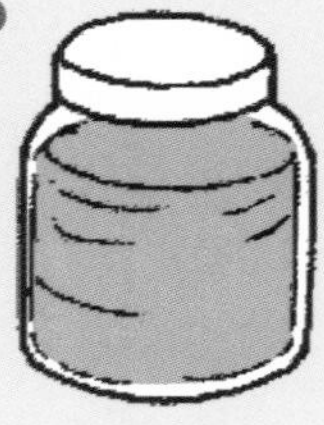

保存ビンとフタを煮沸消毒しておき、熱いジャムを詰めて軽くフタをする。それを蒸し器などに入れて加熱殺菌し、フタをきつく閉めて逆さにして脱気し、常温で保存。

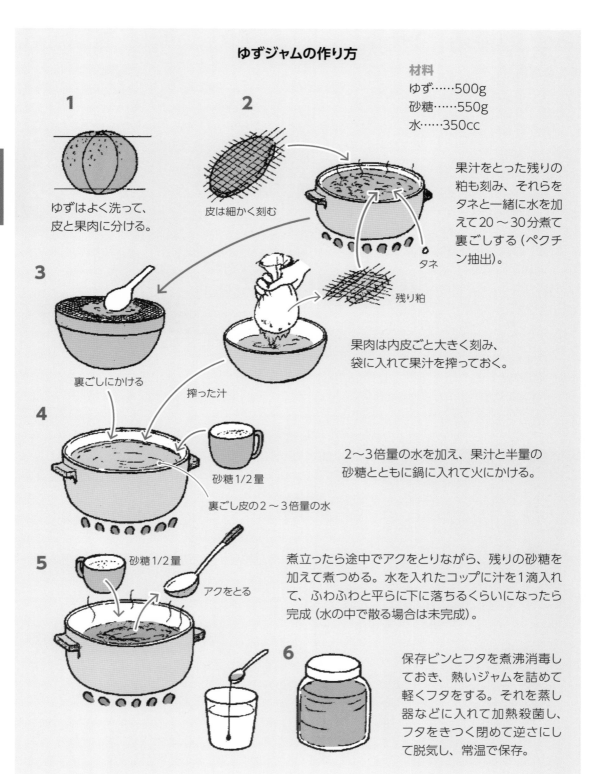

酢が入るので甘すぎない
食べごたえのあるお茶うけです

ゆずのまるごと煮

愛知●原田 昭

材料（10個分）
ゆず……10個　砂糖……500g
酢……70mℓ

作り方

1 ゆずの皮に長さ1㎝ほどの切り込みを縦に浅く入れる（五角形のヘタの角を目印に5本ほど）。
2 鍋*に湯を沸かし、**1**のゆずを30分ほどゆでてアクを抜く。
3 **2**をザルにあけて水をきり、再び鍋に入れる。砂糖と酢を加えてフタをし、弱火で30分ほど煮る。できたてでも冷やしてもおいしい。フタつきの容器で汁ごと冷蔵し、1カ月保存可能。

※柑橘の果汁は酸を含むので、酸に強いホーローや耐熱ガラスの鍋を使うとよい

（小林キユウ撮影、下の写真も）

氷砂糖で漬けるだけ
お湯割りで体もポカポカ

ゆず茶

材料（作りやすい分量）
ゆず…5個（500g）
氷砂糖（またはハチミツ）…500g

作り方

1 ゆずを洗って皮をむく。皮は千切り、果肉はタネを出して袋ごと細かく切る。
2 **1**の皮と果肉を混ぜ合わせ、氷砂糖と交互にフタつきの容器に入れる。常温に置いて1日1回容器を上下にふる。2週間ほどして砂糖が溶けたら飲める。お湯割りにするほか、パンにぬったり、ヨーグルトに混ぜたりしてもおいしい。冷蔵で1カ月ほど保存可能。

ご飯のおともにも
お酒のアテにもぴったり

まるごとゆべし

高知●細見優太

薄くスライスして皮ごと食べます。ご飯のともにも、お酒のアテにもピッタリ。保存食としても使えるし、見た目も綺麗

作り方

1　ゆずの上部（ヘタの部分）を切って、スプーンで中身をくり抜く。
2　自家製の味噌（材料は米や麦）にナッツ（クルミ、ゴマ、ヒマワリのタネなど）を加え、場合により砂糖やドライフルーツを加えて混ぜる。分量は好みで調節。
3　**1**のゆずに**2**を8分目まで入れ、ヘタでフタをして、蒸し器で30分ほど蒸す。
4　冷ましたあと、和紙や半紙、キッチンペーパーなどで包み、風通しのいいところで2カ月ほど干したら完成。薄くスライスして皮ごと食べる。

グミのような食感。
そのまま食べても、
クッキーなどのお菓子作りにも

ゆずピール

高知●細見優太

作り方

1　皮を約5㎜の厚さに細切りし、沸騰させたたっぷりの湯でゆでる。
2　一晩水に浸ける。1～2度水を替える。
3　皮と砂糖（皮の30％程度）を鍋に入れ、焦げる寸前まで中火にかける。
4　互いにくっつかないよう、クッキングペーパーに並べる。
5　硬くなるまで自然乾燥させ、グラニュー糖をまぶしたら完成。

わが家で作る高級珍味
柚子釜

愛知●西村文子

(O)

どうしてこんなにおいしいの？

柚子釜《ゆずがま》って知ってますか？　食べたことありますか？　ゆずの中身をくり抜き、味噌を詰めて蒸して干した保存食です。薄く切って食べると酒の肴、お茶うけに最適です。お茶漬けにすると味噌とゆずの香りがたまらない。みじん切りにして熱いご飯に混ぜ、おにぎりにすると感激的な旨さです。

普通、1個800〜1000円で売られている高級珍味ですが、自分で作ればゆず代30円くらい、味噌代40円くらいでできます。ただ、作っておられる方はご存じかと思いますが、手間がかかります。

毎年12月、何とか意を決して、気力で仕上げます。「今年はパスしたい…」と思うときもありましたが、ゆずを採って持ってきてくれる人があるし、私の柚子釜を待っててくれる人もあるし、一年の締めくくりのような気持ちで作り続けてきました。

全国各地に旅行に行ったり、おいしいものを取り寄せているおばあちゃんが、私の柚子釜を絶賛します。「どうしてこんなにおいしいの⁉」

柚子釜のレシピは、20年以上の努力と工夫、愛と涙が詰まっています。作っている途中で全部、畑の肥やしにした年もありました。暖かさでカビがかったときもありました。

このレシピを公開する理由はただ一つ。皆さんに自然の恵みを生かしたおいしいものを作っていただきたいという気持ちです。化学調味料や添加物に頼らない素朴なおいしさは、心と体を温かくしてくれます。たかが柚子釜ですが、そんな想いを少しでも感じていただければ幸いです。

干し柿をサオからはずす頃、ちょうど柚子釜を干し始めます。自然のリズムに合っているように思います。12月末か1月上旬に仕込んで、できあがるのは3月上旬です。ゆっくり丁寧に乾かすのがコツです。カビには気を付け

愛と涙の初公開!
柚子釜
の作り方

ポイントは固くならない頃合をつかむこと。小麦粉の入れすぎ、蒸し時間の不足、直射日光の当てすぎ、長く干しすぎに気をつけます。

●ゆずの下ごしらえ

（分量は次ページ）

ゆずを7：3に切り、容器とフタにする

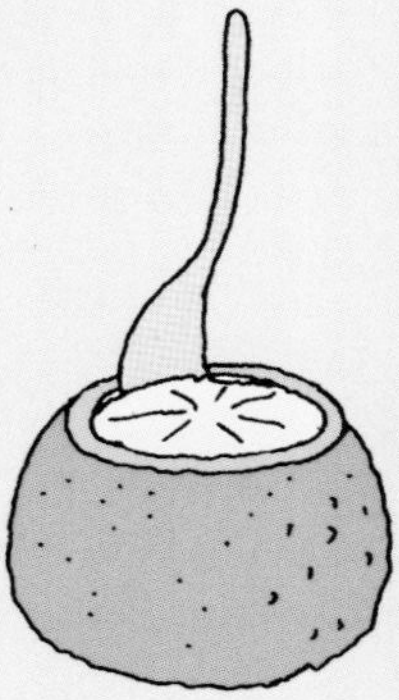

スプーンで中身をくり抜く。皮を傷つけないよう注意

（中身を上から見たところ）

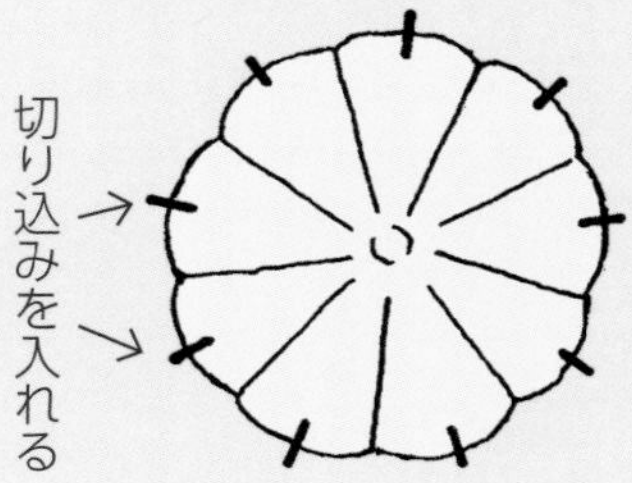
切り込みを入れる

包丁をこのように入れ、中のタネをすべて取り出す

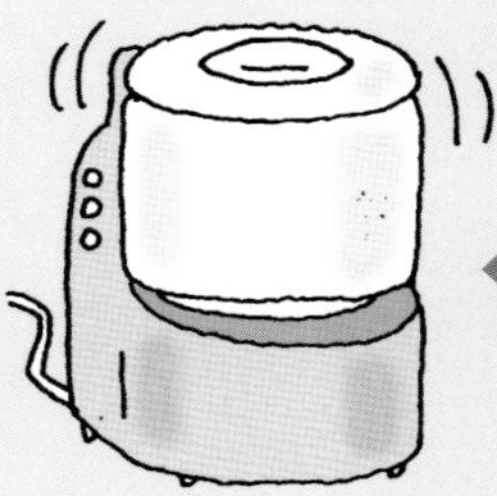

中身をフードプロセッサにかけ、クリーム状にする

フタと容器はセットにしておくこと!

合わない…

バラバラにしてしまうと中身を詰めたあとで困ります。

逆に不足すると
なかなか
干し上がらない

混ぜ終わって、トロトロとして平らな感じではダメ

↓

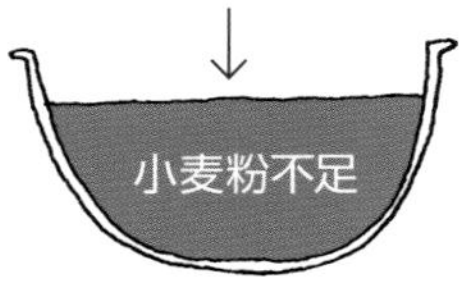

小麦粉を
入れすぎないこと！

多いと仕上がりが固くなって失敗

●ゆず味噌の材料を混ぜる

材料（30個分）

ゆず30個（容器用）　あれば地元の無農薬のものがよい。一度霜にあたったほうが甘みが増す。2～3級品でもOK。

ゆずの中身15～20個分　しっとりとして風味豊かな仕上がりになる。30個分全部入れると酸っぱすぎる。
味噌1～1.3kg　できれば手作りのもの。なければ麦味噌や田舎味噌など手作り風のもので。
砂糖1kg　白砂糖以外の粗製糖。
煮干し100gくらい　天日干しが理想。粉末にする。量は好みで増減。
ゴマ200gくらい　白、黒、金、エゴマなど。単品でも混合でもよいが、生のゴマを自分で炒って使いたい。クルミを入れてもよい。
小麦粉1～1.5カップ　地粉（日本産の小麦粉）使用。量はゆずの中身や味噌の水分によって調節。
とうがらし1～2本　タネを取り、粉にする。七味とうがらしでもよい。防腐効果と味のアクセントの役割。

ボタッとして少し盛り上がる感じがよい。

←

材料をすべて、よくかき混ぜる。ゆず味噌の分量は柚子釜1個あたり60～80gが目安。あとで追加するのは手間なので、多めに作る。

蒸し時間を十分にとること！

「15～30分蒸す」と書いてある本もありますが、そのていどでは皮の白い部分にゆず味噌が浸み込みません。切ったときにそこだけ白く残って見栄えが悪く、固くて味も悪い。取り返しのつかないミスで、くやしく悲しく、もったいない…

●ゆず味噌を容器に詰めて蒸す

大きめのスプーンで容器の7分目くらいまでゆず味噌を詰める

※加熱するとあふれるので詰めすぎないこと

←

フタをして蒸し器の網の上にフキンを敷いて、ゆずをギッシリ詰め1時間くらい蒸す（強火10分、中火50分）

←

少し冷めたら吹き出た味噌を戻し、平らなザルに並べ、外側をきれいにふき、形を整える

●天日干しして陰干し

ザルごと風通しのよいところで２～３日天日干し。その後は陰干し。

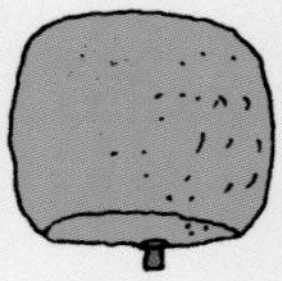

フタが反ってくることもあるので途中でひっくり返してぴったりくっつける。汁が出ることもあるので下に新聞紙などを敷く。10日間くらいでかなり乾く。

ときどきずらしながら雨にあてないようにザルごと陰干しする。気温が高くカビが心配なときはザルごと冷蔵庫へ入れる。仕上がると半分くらいの大きさになる。

取り込みは3月上旬頃。1個ずつビニール袋に入れ、冷凍庫か冷蔵庫で保存。

干しすぎないこと！

直射日光にあてすぎたり、長く干し過ぎたりすると、固くなります。グッドタイミングをつかみましょう

干しすぎで固くなったらセイロに入れて弱火で半日～１日かけ、じっくり蒸し直します。これでカビにくくもなります

つやのあるこげ茶色で、よく乾きながらもしっとりと弾力のあるようなら最高。

てください。つやのあるこげ茶色で、よく乾きながらもしっとりと弾力のあるように仕上げます。

柚子釜は3月にできあがり、4～5月頃に食べるのが、一番体に合っているようです。暑くなると食べたくなくなります。

自家用なら、まず10個くらい作ってみませんか？　楽しみですよ。

残ったものもいろいろ使える

ゆずの中身　砂糖を入れて煮つめるとジャムができます。

ゆずのタネ　日本酒や焼酎に浸けておくと、手荒れの薬になります。洗わずにザルに広げ天日でカラカラに干し、お茶にして飲むとリウマチに良いと言われています。黒く炒って煎じると風邪の特効薬です。

ゆず味噌　ゆず味噌を水でゆるく溶き、米の粉を加えてとろりとさせ、くるみを少量加えてふきんか型に流し、30分くらい蒸すと、昔ながらの柚餅子《ゆべし》というおやつができます。

の砂糖漬け

島根県 河原町
下田 宗子

❹ スライスしたユズ皮と砂糖を混ぜあわせてしんなりさせる。

❺ タッパーに砂糖漬けのユズ皮と開いた干し柿を 交互に重ね、最後に上から ユズの絞り汁をふりかける。

絞った汁を全部かけると
すっぱくなりすぎることが
あるので気をつける
ユズ
ラップ
開いた
干し柿

❻ 上にラップをのせ、空気を抜くように 手で押さえ、味をよくなじませる。

タッパーのフタをして
3日ほどで できあがります。

あったかーいお茶に
ユズの香りが
ひろがって……
もちろん ユズも
食べられます

え・近藤 泉

干し柿とユズ

(231)

河原町山上集落は、カキとナシの産地として有名なところ。毎年秋になると、干し柿をつくらない家はありません。私はカキのない村からお嫁に来たので、干し柿もカキも珍しくて貴重品のよう。食べ切れない干し柿も捨てるのがもったいなくて考えたのがこのユズの砂糖漬けです。干し柿は甘すぎて苦手だという人にも、酸っぱくて口当たりがよいと好評です。

〈材料〉

干し柿	20個
ユズ	3個
砂糖	小さじ1杯

❶ 干して固くなった干し柿のヘタを取り、開いてタネを取る。

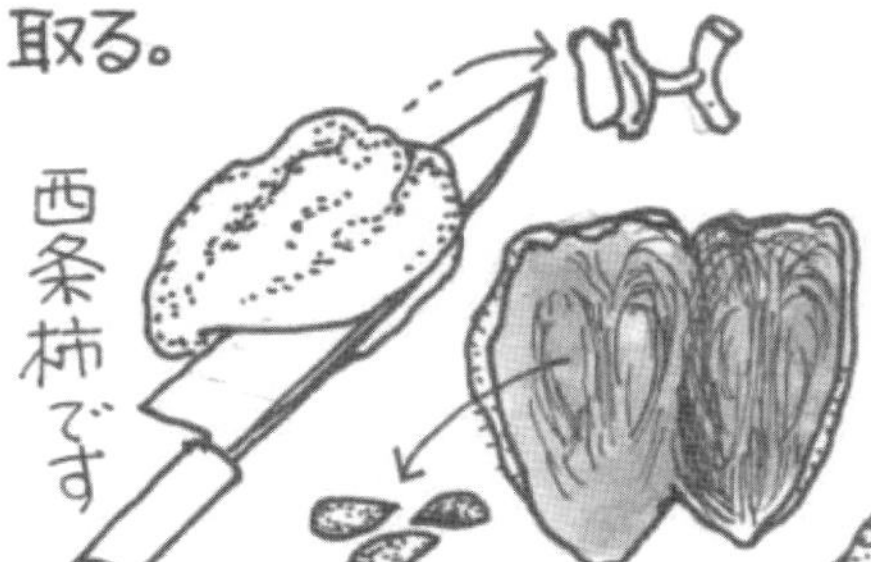

❷ ユズは横2つに切り、絞ってタネを除く。

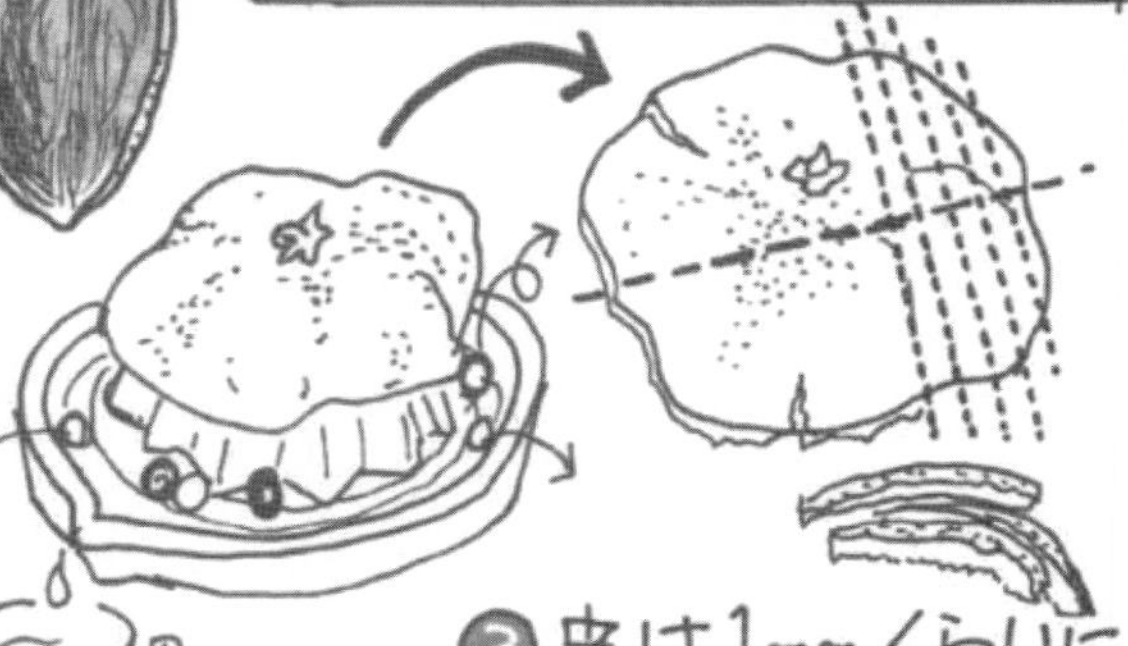

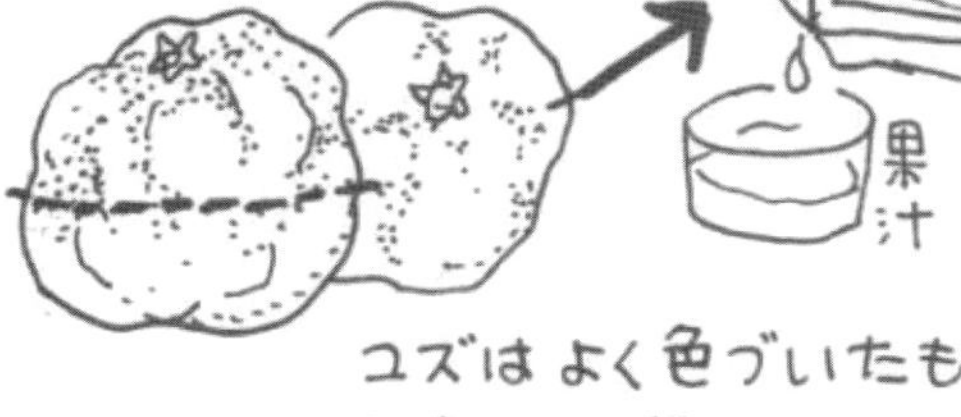

❸ 皮は1mmくらいに細くスライスする。

ユズはよく色づいたもので
子どものにぎりこぶしくらいの大きさのものを使う

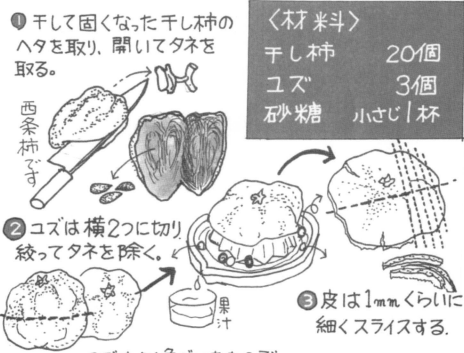

ゆず果汁ですぐできる

とろ〜り ゆずミルク

高知県酪農連合協議会青年部

作り方

牛乳500mℓ、ゆず果汁30mℓ、砂糖大さじ1を混ぜる。牛乳の脂肪分が分離しないよう、ゆず果汁は少しずつ混ぜながら入れる。

かんたん

ゆずの柿巻き

世の中にはゆずと柿の合わせ技を使うお母さん方も多いようです。

佐賀県神埼市の山口美恵子さんが教えてくれたのは、干し柿とゆず皮のひんやりデザート。縦切りにした干し柿に千切りにしたゆずの生皮を少し（小さじ1杯ほど）挟んだら、ラップに包んで冷凍庫に入れておくだけ。干し柿は糖分たっぷりなのでカチカチには凍りません。干し柿の甘さにゆず皮のさわやかな香りが絶妙です。

三重県伊賀市の西田邦子さんは、もう少し手間をかけて柿巻きにします。ミソは、縦に切り込みを入れてヘタとタネを取った干し柿を平らに広げるところでしょうか。まず、まきすにラップを敷き、開いた干し柿を上下交互、隙間がないようにびっしり並べる。手前3㎝のところに半日ほど水気を切ったゆずの甘露煮を線状に置いて、端からクルクル。ラップの上からタコ糸でグルグル縛り、しっかり型が付くように1カ月間冷蔵庫で寝かせれば、甘露煮の汁気と干し柿がなじんでゆず風味の羊羹の味!?　1㎝くらいに切り、ラップに小分けしておやつに持っていけば大人気です。

ゆずがカゴいっぱい手に入れば、
一年中楽しむことができる（K）

ゆずをゆでてから煮るので、とてもやわらかい（O）

醤油ベースでなんにでも合う

味噌を使わないゆず味噌

愛知●後藤まつよ

ゆずは生では長持ちしませんが、ゆず味噌にすれば、冷蔵庫で1年おいても味が変わりません。ゆず味噌といっても、この辺りでは味噌はいっさい使いません。醤油で煮ます。香りもよいし、野菜と和えても、そのままご飯にのせて食べてもおいしいです。

私の作り方は濃いめの味つけだと思います。色が濃くなるまで煮ないと長持ちしないと思います。私より甘めの味つけをするお友達もいます。みなさん家庭でそれぞれの味のようです。

材料

ゆず皮……25～30個分
醤油……3～5カップ
白砂糖……500g
とうがらし……2本（小口切り）

作り方

1. ゆず皮を手でむき、包丁で薄く細かく刻み、やわらかくなるまでゆでる。
2. ザルにあげて水を切り、厚手の鍋にゆず皮と醤油を入れて、豆炭コンロで1日くらいかけてゆっくり煮る（時間短縮に圧力釜で煮てもよい）。
3. 途中で砂糖ととうがらしを入れる。
4. 色を見て味をなめてみたりして、みりんや調味料を足して好みの味にする。

こうじベースで甘酸っぱくさっぱり

ゆず味噌

岡山●中江浩一

材料

こうじ……850g
ゆず……8～10個（果汁は使わない）
醤油……8合
砂糖……800g～1kg

作り方

1　こうじはよくほぐして、醤油と混ぜる。
2　ゆずは、むいた皮をよく刻む。果実はほぐし、タネを取り出し、汁を搾ったあと、袋と果肉を細かく刻む（ミンチ機やフードプロセッサで刻んでもよい。皮と果実を一緒に刻んでもよい）。
3　**1**と**2**をよく混ぜ合わせ、2～3日置く。
4　**3**を弱火で約30分煮立てて、砂糖を加えてできあがり。

当店は創業80年のこうじ屋です。当方のこうじの特色は、自家産の良質米（ひとめぼれ）を使用し、昔からの方法で製造していることです。“はぜこみ”（こうじ菌の回り）のよいこうじですので、味噌、甘酒、漬け物など、なんに使用してもよく溶けて、喜ばれています。特に味噌は早く熟成し、うまい味噌ができます。

ゆず味噌は、約10年前に、お客様から「ゆずでなにかを作ってみては」といわれ、いろいろとやってみて今の製品になりました。甘くて、少し酸っぱくて、ゆずの香りがいっぱいの品です。近年、自分で加工する方も増えて、11～2月頃までのゆずの時期は、こうじがよく売れます。

（中江味噌こうじ製造所）

さっぱりした味わい（O）

ゆずの香りでご飯が進む

ゆず入り納豆こうじ

宮城●村上きよ子

納豆こうじは、舅の姉が嫁いだ家で代々作ってきたものだそうです。「体にいいから」と聞いて、わが家でも15年ほど作り続けています。昨年95歳で亡くなった舅や姑、もちろん私も大好きで、10月を過ぎて肌寒くなってくると作り始め、春まで切らさず作ります。ご飯のおともに最適で、毎朝、納豆こうじと漬け物、味噌汁があれば満足です。これらの発酵食品を繰り返し繰り返し食べることで、風邪もひかない健康な体を維持しております。

仕込むときは、インスタントコーヒーの空きビンなど、広口のビンに入れて、1週間ほど寝かせます。最初は硬いこうじや納豆も、水分を吸ってふわっとします。カサが増して、少し泡が立って発酵するので、仕込む量はビンの8分目くらいにおさえておくとよいです。

味噌ベースの基本の作り方

まろやか黒大豆ゆず味噌

兵庫●細見栄子さん

材料

味噌……1kg（あれば黒大豆味噌）
ゆず果汁……2個分
砂糖……200g
ハチミツ……180mℓ

作り方

1. 黒大豆2kg（乾物重）、米こうじ4kg、塩1kgで黒大豆味噌を仕込み、1年ほど寝かせる。
2. 黒大豆味噌1kgに、ゆず果汁、砂糖、ハチミツを混ぜれば完成。

細見さんの作る黒大豆の味噌は、風味がよくまろやか。「黒大豆の皮にはアントシアニンが含まれるから健康にもいいの。それに、これを使ったゆず味噌がおいしいのよ」と細見さん。

ふろふき大根や刺身コンニャクに相性ピッタリのこのゆず味噌、週に1回開かれるマルシェで200g入り200円で販売したところ、たちまち人気商品に。今ではレストランからも納品を頼まれるほどだそうです。

毎朝ご飯にかけて食べる。好みの味に合わせて醤油の量を加減するとよい（O）

材料

こうじ……1枚（200g）
ゆず皮……中1個分
小粒納豆……4パック
七味とうがらし……適量
醤油……200cc

作り方

1　ゆずの皮を削って、1mmくらいに細かく切る。
2　ボウルの中でこうじを細かくほぐし、切ったゆず皮を丁寧に混ぜる。
3　納豆、七味とうがらしを加えて混ぜる。
4　広口ビンに入れ替え、醤油を注ぐ。
5　フタをして冷蔵庫で寝かせ、1週間ほどでできあがり。

1週間ほどで味がなじむと、こうじの甘さ、ゆず皮の香り、七味とうがらしの辛みが調和しておいしく味わえる。

左がこうじ、右が納豆（O）

こうじは丁寧に細かくほぐし、ゆず皮、納豆と混ぜる（O）

ゆずこ

岐阜●佐藤ユキヱ

　年末近くなると、近所でもそこここでゆずを煮るいいにおいがします。うちでも、ジャムはもちろん、この辺で「ゆずこ」と呼ばれる料理もよく作ります。

　最後にゆず皮をミキサーにかける人もいますが、私はツブツブ感があったほうが好きですので、すりこぎでゴリゴリやります。温かいご飯によく合います。

材料

ゆず……20個ほど
砂糖……約100g
醤油……適量
七味とうがらし……適量

作り方

1 ゆずの皮をむき、その皮を細長く刻んで、いったんゆでこぼす。
2 砂糖、醤油（サーッとまわしかけを5〜6回）、七味とうがらし（表面が赤くなるくらい）を加え、汁がなくなるまでコトコト煮る。
3 ゆずの皮を指でつまんで潰れるようになったら、全体をすり潰す。

収穫したゆず

(K)

すぐに作れて何にでも合う万能調味料
塩ゆずレモン

　レモンの酸味とゆずの香りの相乗効果でコクが生まれ、和食にも合う調味料に。砂糖を加えるとまろやかになります。うどんや鍋に添えたり、焼き魚、唐揚げ、納豆にも。

材料

ゆず……1個　　レモン……1個
砂糖……10g　　塩……5g

作り方

1 ゆずとレモンはまるごと細かく刻む（タネは除く）。
2 清潔な保存ビンの中に、ゆずとレモンを薄く敷き詰め、砂糖と塩を上からまんべんなくふりかける。これを繰り返してサンドイッチ状に重ねていく（3〜4層）。
3 常温で3時間ほど漬けると完成。混ぜて使う。冷蔵庫で1カ月ほど保存できる。

大根のゆず巻き

埼玉県入間台地の食

（小倉隆人撮影）

大根とゆずの皮を使って作る、お正月には欠かせない上等の漬け物。

材料

大根、ゆず（皮）、砂糖、醤油、酢……各適量

作り方

1　大根は薄く輪切りにして、しんなりするまで干す。よい天気なら半日くらい。

2　ゆずを千六本に切る。ゆずを芯に、しんなりした大根で巻き、針に糸を通して大根にさす。

3　2、3日風通しのよいところにつるして干す。

4　干したゆず巻きを糸に通したまま水洗いして、2、3時間水につけておく。

5　大根がぴんとなったら、醤油と酢、砂糖の三杯酢に漬け込む。1週間くらいで食べられる。

どんな料理にも高級感

ゆずと山椒のふりかけ

福岡●矢野啓子

山椒の隠し味が
たまらない～

わが家で大人気の「ゆずと山椒のふりかけ」をご紹介したいと思います。

まずは、黄色くなったゆずをむいて、皮を細かく切り、天日で干します。パリパリになるまで1週間ほど乾燥させます。

雨が続くようなときはシイタケの乾燥機を使います。山椒は、秋になって実が硬くなったものをむき、皮を天日干しします。

あとは、乾燥したゆずと山椒の皮を家庭用のゴマすり器に入れてゴリゴリするだけ。山椒の皮は入れすぎると辛くなるので、ちょっとでいいです。

料理にかけて食べると香りがとてもよく、どんな田舎の料理でも高級感が出ます。漬け物にもかけますし、お父さんは味噌汁にふりかけて食べるのが好きです。わが家の定番調味料です。

ちなみに、ゆず皮の保存には高さ30㎝、直径20㎝の円柱の缶に入れておけば長持ちします。山椒の皮は常温で保存すると香りが飛んでしまうので、冷凍庫で保存します。

味噌漬け

宮崎県 諸塚村
七ツ山婦人加工グループ

② 味噌で漬ける

1斗樽の底に味噌を敷いたらユズを並べ、その上にユズが隠れるくらい味噌を敷く…… この繰り返しで重ねていく。

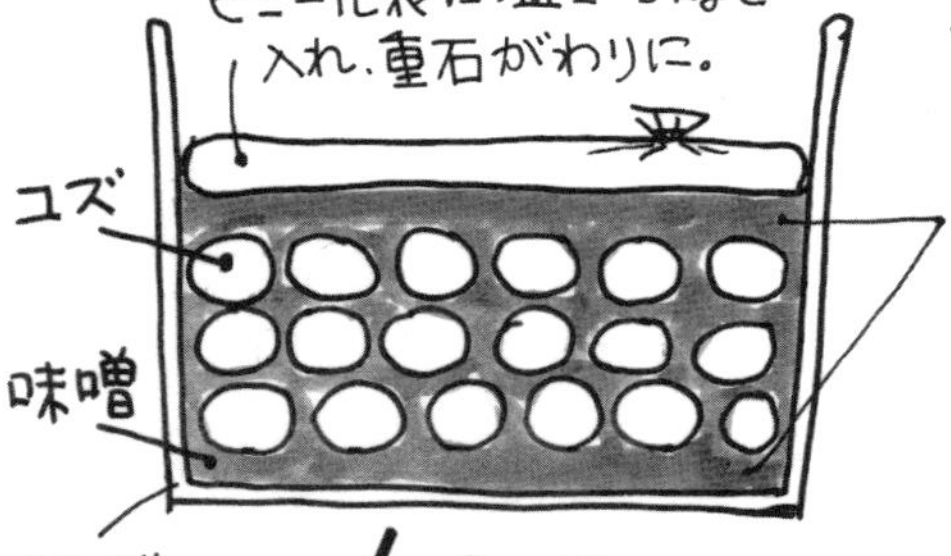
ビニール袋に塩2~3kgを入れ、重石がわりに。
ユズ
味噌
1斗樽(18ℓ)
底と一番上は味噌を厚めにする
8ヵ月で食べ頃に

きれいな黄色に仕上げるには、若い山吹色の味噌で漬けるのがポイントです。
細かく刻んで おにぎりの具。
畑仕事のお伴に
ユズの味噌漬け

※七ツ山婦人加工グループでは、現在丸ごと味噌漬けの販売はしていません。

漬け物お国めぐり (312) ユズの丸ごと

私の地域では昔からつくっているユズの漬け物です。山や畑に行くときには、この漬け物を具にしたおにぎりを持って行ったり、家ではお茶うけにしたりお茶漬けにして食べます。ユズを収穫する冬の時期に漬け込むと、次の年の9月頃から2～3年食べられます。タクアンのようなコリコリした食感と、ユズのすっぱい味がおいしいです。

〈材 料〉

ユズ………50個
(黄色くなったもの)

味噌………15kg
(仕込んで3～6カ月の若いもの)

ユズは黄色くなってから収穫
色づいてから2～3回霜に当たったものが苦味が少なくて使いやすい

① ユズを下ごしらえする

沸騰したお湯にユズを丸ごと入れて5分ほど茹でる

茹でると皮の苦味がなくなる

火を止めて半日おく

ザルで水を切ってから
ふきんでていねいに水気を拭き取る

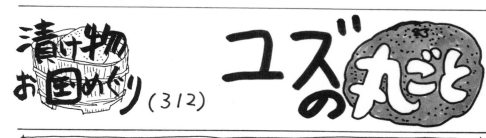

ユズ味噌漬け

岡山県 真庭市

くわの実会

ユズ味噌づくり

ユズの黄色い皮をピーラーで剥き、実は横半分に切って汁を絞り、皮と汁をミキサーにかける。

味噌、砂糖、みりん、
シイタケの戻し汁、
下ごしらえしたユズ
を、
ミキサーにかけて、よく混ぜる。

みりん
砂糖
味噌
シイタケ戻し汁
できたものは
200gずつ分けて
冷凍保存しています

一味トウガラシ

鍋に移して、ゆっくりと混ぜながら
一味トウガラシを入れて中火で煮る。
トロッとなったら火をとめる。

地元のユズと
添加物なしの味噌を使っています。

ユズ味噌の中に
蒸しあがったシイタケを
すぐ入れる。
粗熱をとれば
できあがり。

え・近藤泉

漬け物お国めぐり (380) 乾シイタケの

真庭市の旧・勝山町は乾シイタケ(どんこ)が特産です。平成6年、全国的な渇水でシイタケは小粒だらけ。さらに中国からの輸入で大きな影響を受けていました。そこで桑林《くわぶろ》地区のシイタケ農家4人でつくったのが、農産加工グループ「くわの実会」でした。当時、安価だった小粒どんこの旨みを生かそうとつくり始めたのが、シイタケのユズ味噌漬け「みそっこ」。24年以上経った今も人気商品です。ご飯のおかず、酒のあてに、またナスの味噌炒めなどに加えると素敵な一品になります。

〈材料〉	
乾シイタケ	1Kg
味噌	900g
砂糖	400g
みりん	250ml
ユズ(皮と絞り汁をミキサーにかけたもの)	200g
一味トウガラシ	中さじ1(お好みで)
シイタケの戻し汁	200ml

シイタケの下準備

乾シイタケを水に8時間浸けて戻す。

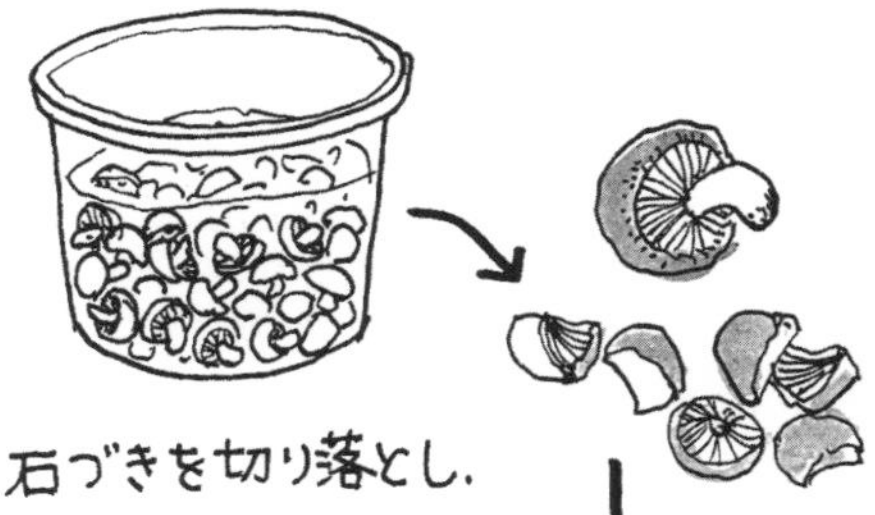

石づきを切り落とし、ひと口大に切る。

軽く水気を絞る。

この戻し汁を後で使う

湯気があがってから20分くらい蒸す。

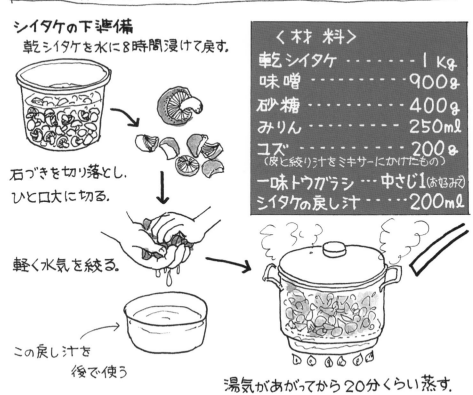

柚《ゆ》香《こう》漬け

山口県 旭村
林 久子

柚子《ユズ》は手に入るときに
皮を千切りにして冷凍
しておく.

赤シソの穂は
実の入る直前にとり
塩をまぶして冷凍しておく

〈材料〉

下漬けしたナス　1kg

A
- しょうゆ　200cc
- 柚子酢　100cc
  (なければポン酢)
- みりん　200cc
- 柚子の皮
- 穂ジソ
- ショウガ(千切り)
- タカノツメ

（柚子の皮〜タカノツメ）少々

本漬け

❶ 下漬けした
ナスの塩抜き
をする.

流水なら2〜3時間
ため水なら1晩つける

❷ 食べ良い大きさに切り,
水気を絞る.

洗濯ネットにいれて
斜めに置いたまな板の
上で押さえつける.

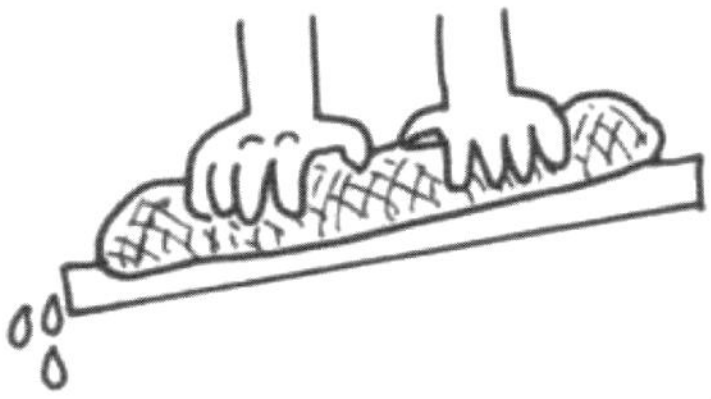

❸ Aの材料を全部
鍋にいれて煮立て
冷ましておく。

❹ ❸が冷めたら❷の水気を
絞ったナスをいれ. 1晩で
できあがりです.

ナスがたくさんとれる
ときは1晩下漬け(1番
漬け)したあと❸の漬け
汁に漬けます.

え・近藤泉

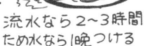

漬け物お国めぐり (230) ナスの

平成13年に県知事賞をいただいた自慢のお漬け物です。柚子の香りがとてもよくて、朝市でも人気があります。

じつは今は加工グループで「大豆かりんとう」を毎日お店に出しているので忙しく、漬け物はつい後回しになってしまいます。でもナスがとれたときに下漬けだけしておけば、冬にでもゆっくり作れます。

下漬け

ポイント1
ナスは若くて皮がキレイなものを使います。若い方がタネも少なくておいしい！

うちじゃ50cmもある在来の長ナスを使うこともあります

❶ナスのヘタをとり、10%の塩で2、3日漬ける。(1番漬け)

❷水を捨て、30%の塩で漬けなおす。(2番漬け) →これで1年もつ

ポイント2
2番漬けのときには、草刈り機の替刃を2枚くらい入れます。ナスの皮の色がいつまでも茶色くなりません。

ミョウバンを使ったこともあったのですが皮が固くなり、ムラになりやすいのでこっちの方がおススメです。

春の楽しみ
ゆずの新芽の天ぷら

　春、野山の山菜などを天ぷらにしますが、宮城県角田市の関謙一さんはゆずの葉の新芽を天ぷらにしていただいています。

　５～６月、４～５枚の葉がついたゆずの新芽を摘んでいきます。新芽はやわらかいので、指で簡単にとれます。

　２本ずつ衣で包んで揚げていきます。できあがった天ぷらは、ゆずの香りがふわっと口に広がりとてもおいしいそうです。この料理は10年前から関さんの春の楽しみになっています。

ゆず農家おすすめの
ぽかぽかゆず鍋

　川根茶で知られる川根本町は静岡県屈指のゆず産地です。ここでゆずを栽培する浜谷隆康さんはゆずこしょうなどの加工も手掛けています。そんな浜谷さんが冬にぴったりのゆず鍋を教えてくれました。

　作り方はとっても簡単。野菜や肉、魚など、好みの食材を具にした塩味の鍋に、薄く輪切りにしたゆずを入れ、煮立たせるだけ。ゆずは１回に１～２個使うので、鍋の表面を覆いつくすようになります。ゆずの酸味でさっぱりした味わいになると同時に、ゆずの風味も楽しめるのです。しめのおじやにもよく合います。

　寒くなってきたこの時季に試してみてはいかがでしょうか。

第2章
ゆずの健康利用法

ゆずが体にいいのは なぜか

●平柳 要

ゆずをこよなく愛する「ゆずらー」、ただいま急増中

何にでもマヨネーズをつけて食べる「マヨラー」、何にでもショウガを加えて食べる「ジンジャラー」、そして最近では、ゆずの香味や効能に魅せられ、ゆずにはまっている「ゆずらー」なる人たちが増えているのをご存知でしょうか。

そもそもゆずは中国の揚子江上流地域が原産地で、奈良時代に朝鮮半島を経て、日本に渡来したようです。そして、ゆずのさわやかな香りや酸味が日本料理とうまくマッチし、食欲をそそる調味料や薬味として古くから愛用されてきました。また、冬至（12月22日頃）にはゆず風呂に入る江戸時代からの風習があり、血巡りをよくして疲れや痛みを緩和したり、肌の保湿力を高めたりするのに役立ってきました。

近年、ゆずの主要成分について、「血糖値を下げる」「中性脂肪を下げる」「血圧を下げる」「ダイエット効果がある」「発ガンを抑える」「認知症を防ぐ」といった健康効果が国内外で数多く報告されるようになり、俄然、ゆずに注目が集まってきました。

ゆずの三大健康成分がスゴイ!

ゆずの三大健康成分としてご紹介したいのが、ヘスペリジンとナリンゲニン（天然成分のナリンギンが腸内細菌で変化したもの）、ならびにオーラプテンです。この3つの成分は、いずれも中性脂肪が肝臓でエネルギーとして使われるようにするためのスイッチ（ＰＰＡＲ－α）をオンにして、血中の過剰な中性脂肪を減らし、体重増加を防ぎます（図1）。また、筋肉細胞や脂肪細胞が効率的に血中のブドウ糖をキャッチできるようにするスイッチ（ＰＰＡＲ－γやＧＬＵＴ４）もオンにして、インスリン抵抗性（血糖値がなかなか下がらない状態）を改善し、高めの空腹時血糖値を正常化します（図2）。ヘスペリジンには血管の柔軟性を高め、高めの血圧を下げたり、冷え性の人では血巡りをよくしたりする働きもあります。

筆者。医学博士。元日本大学医学部准教授。現在は「食品医学研究所」所長。著書に『ゆずが効く!』（主婦と生活社）などがある
http://www.h-and-w.jp/

　このように、ゆずは動脈硬化をはじめ、心筋梗塞や脳卒中などを引き起こすメタボリックシンドローム（内臓肥満に加え高血糖・高血圧・脂質異常症のうち２つ以上を合併した状態）の予防に好適な食材といえます。

　さらに、三大健康成分に加えて、リモネンやリモニンといった香り（精油）成分にも抗ガン作用が認められているので、ゆずは抗ガン物質の宝庫ともいえます。

　このほか、ナリンギンによるアルツハイマー型認知症の予防、ヘスペリジンによる骨粗しょう症の予防、ナリンギンやナリルチンによる花粉症の諸症状の緩和など、ゆずの健康効果は多岐にわたります（図３）。

ビタミンCはレモンの３～４倍

　果皮部に多いリモネンはゆずの香り（精油）成分の代表格で、皮膚表面を構成する表皮細胞の生成を促して、肌の新陳代謝を活発にします。そして、ヘスペリジンやナリンゲニンならびにビタミンCは、老化の原因となる活性酸素を除去する抗酸化作用によって、しわやたるみの発生を抑えます。

　メラニン色素の生成を抑えたり、肌や骨を若々しく保つコラーゲンの合成を助けたりするビタミンCは、柑橘類ではゆずの果皮に最も多く、レモン果汁の３～４倍も含まれています。それゆえ、ゆずの果皮をコラーゲンと一緒にとると美肌や骨に効果的です。

ゆずの三大健康成分の働き

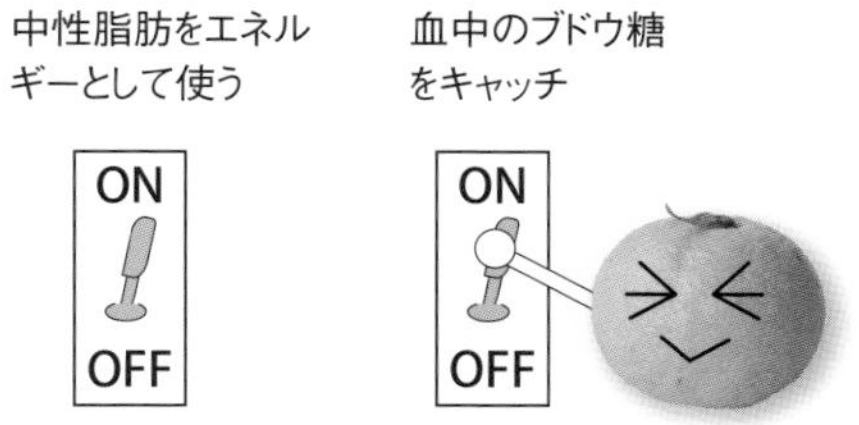

中性脂肪が肝臓でエネルギーとして使われるスイッチをオンにしてくれるので、体重が増えにくい。
また、筋肉細胞や脂肪細胞が血中のブドウ糖をキャッチするスイッチもオンにしてくれるので、インスリン（ホルモン）の働きがよくなり、高めの血糖値が改善される

図１　ゆずで脂質異常が改善、太りにくくなる
――ナリンギンによる体重増加抑制作用

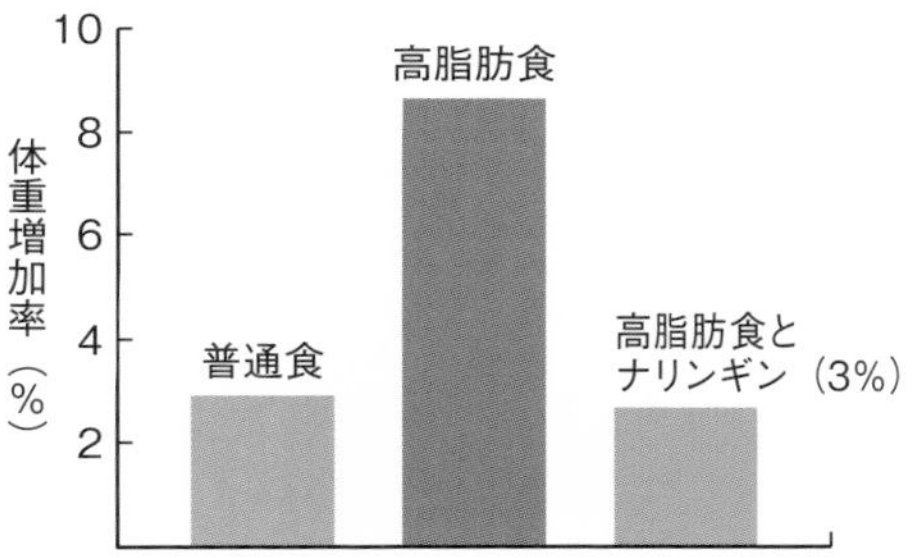

高脂肪食でもゆずと一緒に食べれば、体に脂肪がつきにくい。
ゆずの成分「ナリンギン」が肝臓での脂肪分解を促進する

図２　ゆずで高血糖が解消
――ナリンギンによるインスリン抵抗性改善作用

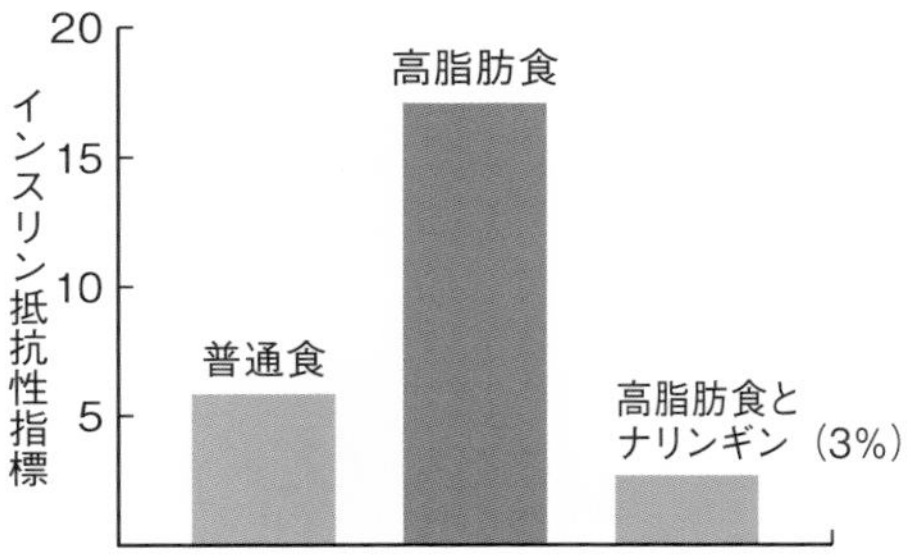

インスリン抵抗性とは、インスリン（ホルモン）の効き目が悪くなって、血糖値が下がりにくい状態のこと。ゆずを食べると、ナリンギンの効果でインスリンの働きがよくなる

図３　ゆずに期待できる健康効果

糖尿病の予防 （高血糖の改善）	脂質異常の改善	高血圧の改善	ダイエット効果 （内臓肥満の改善）
発ガン抑制	冷えの改善 （生理痛や 腰痛の緩和）	アルツハイマー型 認知症の予防	骨粗しょう症の予防
花粉症の緩和	アレルギー性鼻炎 気管支喘息の緩和	関節リウマチの 改善	抗菌・抗ウイルス作用 （ピロリ菌の増殖抑制や 風邪の予防）
ストレス緩和 疲労回復	血液サラサラ効果 （心筋梗塞や 脳卒中の予防）	抗酸化・抗炎症作用 （動脈硬化の予防）	

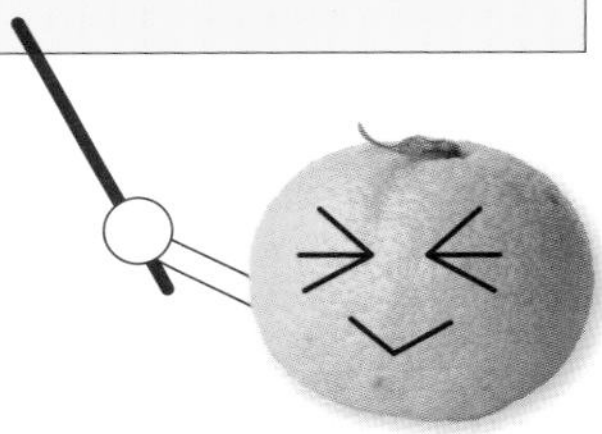

皮やタネにこそ健康パワー

ゆずの果汁が酸っぱいのは主にクエン酸などの有機酸によるもので、疲労回復などに役立ちます。また、塩や醤油の代わりにゆず果汁を用いれば、減塩やヘスペリジンによる高血圧の予防にもなります。

ゆず風呂に入ると心身がリラックスするのは、リモネンがギャバ（ＧＡＢＡ）という神経伝達物質の分泌量を増やして気分をゆったりさせ、しかも、ヘスペリジンが血巡りをよくしてくれるからです。それゆえ、リモネンなどの香り（精油）成分は香水やアロマテラピーなどに用いられています。

三大健康成分やリモネンは果皮の内側の白いワタの部分に多く含まれているため、ゆずの果汁だけを使って果皮を捨ててしまうのは宝の持ち腐れです。さらに、ゆずのタネにはヌルヌルしたペクチン（水溶性食物繊維）が多く、高い保湿力があるため、自家製のゆず化粧水などとして利用できます。

ゆず茶。カップにゆずの搾り汁とハチミツを入れ、熱湯を注ぐだけ。細かく刻んだゆずの皮を入れてもいい（O）

ゆずでダイエット、冷え性改善、風邪予防

ゆずで健康になった多数の方々のうち、ここでは4人のエピソードをご紹介します。

糖尿病予備軍だったTさん（54歳男性）は、乾燥ゆず粉末をお湯や水に溶かして半年間飲み続けたところ、当初120㎎／dℓだった空腹時血糖値が100㎎／dℓ以下になりました。

肥満気味のAさん（42歳女性）は、朝、昼、晩にゆずハチミツドリンクを飲み続けたところ、71㎏あった体重が1カ月後に3㎏減り、2カ月後にはさらに2㎏減りました。

冷え性だったMさん（28歳女性）は、ゆずドリンクやゆず風呂を日常生活に取り入れるようになってから、冷えからくる生理痛の悩みが解消されたほか、化粧ののりもよくなりました。

民宿を営むHさん（62歳女性）は、ゆずドリンクやゆず料理ならびにゆず風呂を積極的に取り入れるようにしたところ、血巡りや免疫力がアップしたせいか、毎年2、3度ひいていた風邪をひかなくなりました。

ゆずの選び方、保存方法、利用方法

果皮がまだ青いうちに収穫されたものが青ゆずで、黄色がかってから収穫されたものが黄ゆずです。青ゆずは黄ゆずに比べて、ゆず独特の香りや酸味が強いため、カボスやスダチと同じく、薬味や調味料に適しています。

選ぶときは本ゆずかタネの少ない「多田錦」という品種で、表面にハリがあり、傷や黒ずみがない色の鮮やかなもの、また、形がよく、果皮が厚めのものがおすすめです。果皮を利用する場合はできるだけ国産・無農薬を選びます。

ゆずを短期間保存する場合は、新聞紙で表面の乾燥を防ぐと効果的です。気温が低ければ、常温でもOK。気温が高い時期は、ラップにくるんだり、ポリ袋に入れて冷蔵庫（野菜室）に保存します。長期にわたって保存する場合は、果皮、果汁、タネに分けて密閉し、乾燥ないし冷凍で保存します。

季節や好みによって、生の青ゆずや黄ゆずのほか、乾燥ゆずや冷凍ゆずを用います。ゆずは丸洗いしたあと、果汁を搾る、冷凍果皮をすりおろす、果皮を刻む、タネを黒焼きする、スライスした果実を砂糖やハチミツに漬けるなど、いろいろな方法で使えます。特に健康の保持・増進のために、ゆずの果汁や果皮に熱湯と適量のハチミツを加えた〝ゆず茶〟を毎日3回程度飲むことをおすすめします。

（食品医学研究所所長）

図解

ゆずの皮、果汁、タネが体に効く

ゆずに含まれる成分や活用例をまとめてみました。

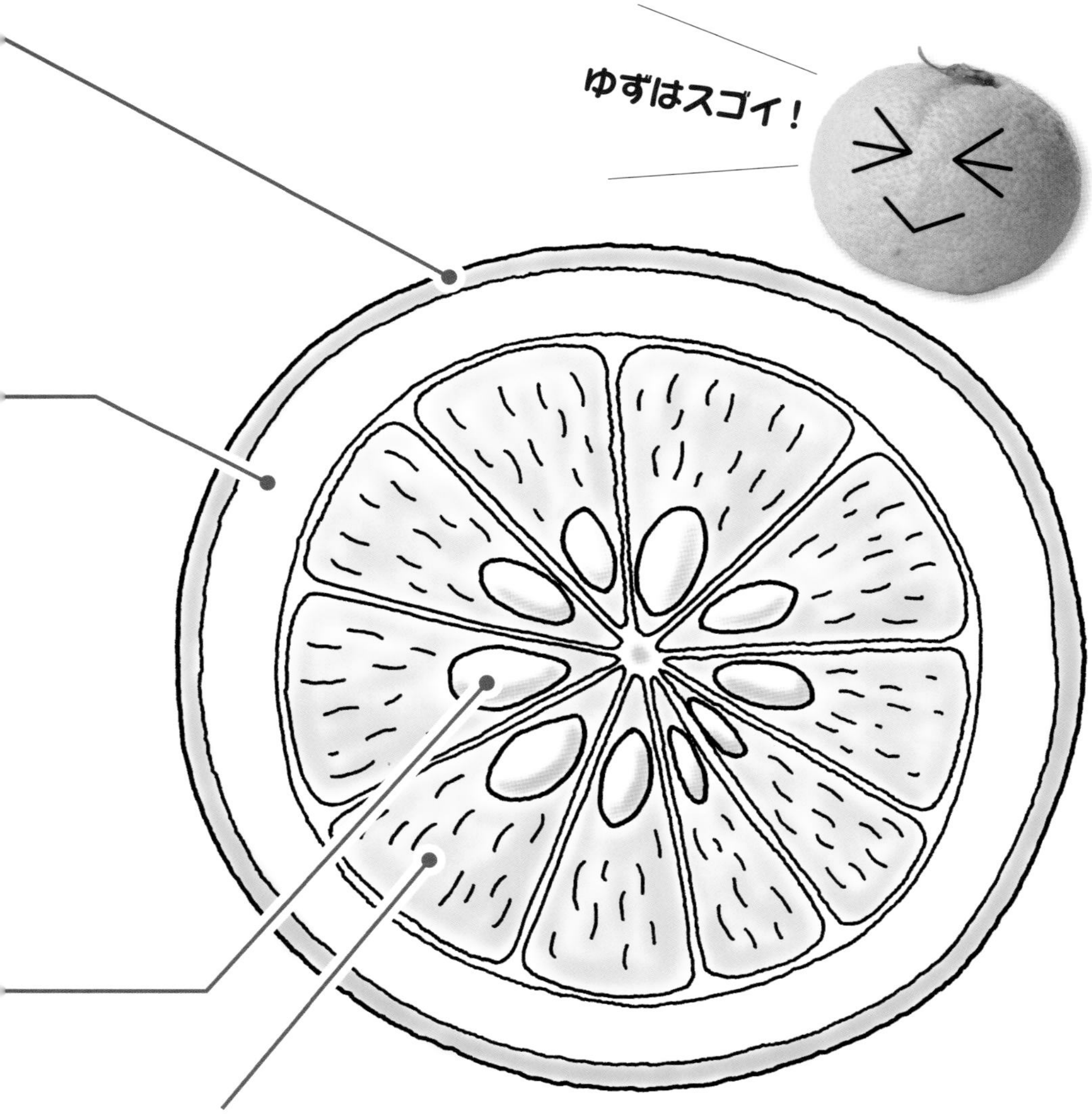

●果汁で疲労回復

酸っぱいクエン酸などの有機酸が疲労回復に役立つ

ゆずの注目有用成分と健康効果

●皮でリラックス

ゆずの香り（精油）の主成分リモネンが、ギャバという神経伝達物質の分泌量を増やして気分をゆったりさせる。高知大学の沢村正義氏らによると、ゆずなどの香りで、病院で手術前日の入院患者に「眠りやすい」「目覚めの気分がいい」などの鎮静効果が現れた。また、皮には雑草を抑える成分が含まれ、堆肥のニオイも抑える（92ページ）

●ワタで生活習慣病を防ぐ

ワタに多く含まれるヘスペリジン、ナリンギン、オーラプテンが中性脂肪を減らしたり、血糖値を改善したりすることがわかっている。抗ガン作用も認められている。ヘスペリジンは血圧を下げる働きもする（60ページ）

●タネで肌をしっとり

タネを水に浸け、１日置いて水を捨てるとペクチンという成分がドロドロと出てくる（写真）。保湿力が高いので、化粧水などに使える（68ページ）

ゆずのタネは私の万能薬よ

高知●坂本愛幸さん

坂本愛幸さん。ゆずのタネはいつでも使えるように、天日でカラカラに干したら、フタができるペットボトルやビンに入れて日陰で保存している（写真はすべて赤松富仁撮影）

黒焼きしたゆずのタネで簡単トゲ抜き

小さなトゲや、爪の間に刺さったトゲは、針でもうまく抜けないでしょ。そんなときでも「絶対に抜ける」裏ワザがコレよ

黒くなったタネをすり鉢ですって、粉々になったらひと口ほどのご飯を入れてまた練るの。ゆず果汁を１～２滴垂らすと、ご飯がよくまとまるわよ

まずはフライパンでタネを乾煎り。中までしっかり黒くなるように 10 分くらいは火にかけないとね

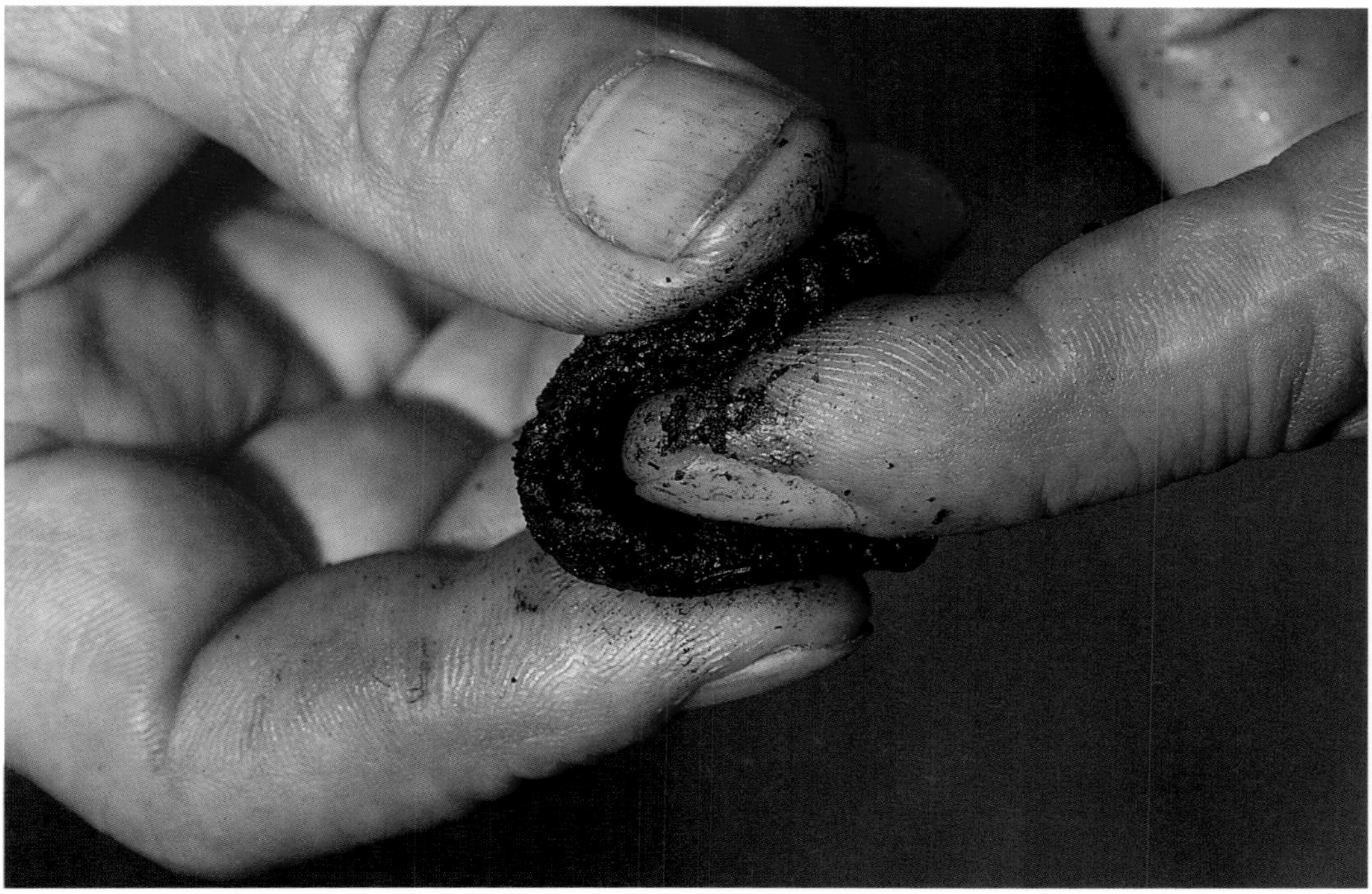

黒くなったこのご飯を、トゲの刺さったところにこうして被せて、乾燥しないようにご飯の上から紙→ラップ→包帯の順番で巻いて一晩待つの。翌朝ご飯をとって、トゲの刺さってるところを軽くつまむと「ピュッ」と、簡単にトゲが抜けるのよ。去年お嫁さんにも教えてあげたんだけど、本当にピュッと抜けて、２人で大笑いしたわ

お肌ツルツル ゆずのタネ化粧水

タネとお酒でつくる化粧水よ

お酒を注いだばかりのときは左のように透明だけど、ほんのり色がついてきてトロミがでてくるのよ。ちなみに右は去年の11月につ作った化粧水。乾燥させていない生のタネを使ったからかしら、ちょっと色が濃いみたいね

お酒はなんでもいいと思うんだけど、私のところじゃほとんど日本酒。タネ：日本酒を1：3くらいでビンに入れて、2～3カ月置いたらできあがり

消炎作用があるみたい ゆずのタネ茶

タネ茶は、お猪口1杯のタネに水コップ1杯の割合で5分以上沸騰させて作るの

苦いけれど体にいいのよ。ゆずのタネには消炎作用があるみたい。歯槽膿漏も、じんましんが出たときもこれで治ったわ。私の友達は風邪の予防にときどき飲んでいるって。ゆずのタネは私の万能薬よ

ゆずのタネ液で フケも止まる

神奈川●露木憲子さん

これを顔だけでなく頭に付けたらフケが止まった。シーツが破れるほどガサガサだったかかともツルツルに。グリセリンをゆずのタネが隠れるくらい注ぎ、そのまま1年ほどおいたもの。１００円均一で買った容器に入れて1本４００円で直売所で売る。

ゆずのタネ酢で 農作業の疲れがとれる

徳島●朝川清子さん

果汁を搾ったあとのタネに米酢を注いでから濾すと、ツンとせず、甘みのあるタネ酢になる。寿司飯や酢の物が大好きで、いつもこの酢を使う。ゆずの香りがほどよく残り、農作業の疲れがとれる。タネが酢を吸ってしまうので長く置かず、酢の色が透明から濁った薄黄色に変わったら布で濾すのがコツ。

気になるニオイが消える！ ゆず皮発酵液

東京●神崎ソラダー

筆者。タイのバンコク出身。1980年に留学生として来日し、現在はタイの伝統野菜や薬草を栽培しながら、医食同源のタイ料理教室や自給自足の生き方を指導。（一財）日タイ文化交流協会事務局長

自給自足でシンプルな暮らし

私が生まれたタイでは、バブル時代のあと不況が長く続き、日本と同じように経済がどんどん悪化しています。干ばつや洪水など自然災害も毎年広がって、農作物がとれない厳しい環境のなかで、どうやって生きるかの知恵を絞っています。タイのラーマ９世が仏教の「足るを知る」を教えてくれました。それがきっかけとなり、みんな落ちついて、経済の原点に戻る、「自給自足」という生き方を考えるようになりました。

都会で働いていても、小さなアパートで暮らしていても、自給自足はできます。生活の基本である衣食住の大切さを知って、お金を必要以上に使わなければ、シンプルな人生になります。

生ゴミは宝物

私は広い家庭菜園のほか、狭い庭でもいろいろな野菜や薬草、ハーブを栽培して、野菜が高いときにとって食べています。最近は家庭菜園がブームですが、「野菜は自分で作るとお金がかかるから、買ったほうが安い」と、日本人によくいわれます。タネや苗、肥料など、すべてに高いお金をかけるなら、当然そうだろうと思います。でも、せっかく植物が自分で育とうとしているのに、化成肥料をたっぷりふって、立派に太った野菜を作っても意味があるのか疑問です。

私の家では、肥料は自分で作ります。台所で出る生ゴミは、肥料にもなるし、工夫すれば使い道がたくさんあって宝

ゆずやみかん、レモンの皮で作った発酵液。後ろは材料の米のとぎ汁（写真はすべて依田賢吾撮影）

物です。

たとえば、米のとぎ汁と柑橘類の皮で、安心安全、環境にもやさしい洗剤を作ります。トイレやお風呂の下水のニオイ消しになるだけでなく、畑の肥料や部屋の消臭スプレーにも使えて「一石三鳥」です。

柑橘の皮の発酵液10mℓと液体石鹸100mℓを混ぜて、ポンプ容器に入れ、手洗いや食器洗いに使う

ゆずは捨てるところがない

私の家の近くでは、ゆずの果汁を搾ったあとの皮をたくさん捨ててしまう農家がいます。使い道がわからなくて困っているようです。

ゆずはいろいろな薬効があります。特に香りにとても効果があって、抗酸化作用、殺菌、消臭、防虫など。皮を畑の虫よけに使うこともできます。

ゆずはクエン酸で腐敗菌を抑え、カルシウムやビタミンなどもたくさん含まれていて、捨てるところがありません。ゆずをうまく利用して、洗剤を買わずに、自分たちの地球を守ることもできます。

ニオイや汚れが落ちる、肥料にもなる

ゆずを洗剤にする場合、ゆずの皮と米のとぎ汁と砂糖を混ぜて、発酵液を作ります。

使うときは発酵液をそのまま台所やトイレ、お風呂などの下水に流します。微生物たっぷりなので、くさいニオイがなくなります。洗濯のときに少し入れると、きれいになります。1000倍の水で薄めて、植物や野菜にかけたり、畑に入れたりすると、分解して肥料になり、虫もいなくなって、作物が元気になります。

発酵液と無添加液体石鹸を混ぜると、手洗い石鹸や台所の洗剤として使え、いい香りです。天然アロマオイルを入れると、さらにいい香り。おしゃれなポンプ容器に入れて、台所や洗面所に置くと便利です。

自給自足はそんなに複雑ではありません。小さなことでもいいので、お金を使わず、自分でできることをやってみると、いろいろな楽しさを発見できるかもしれません。

発酵液の作り方

材料

柑橘類の皮
(ゆず、みかん、レモンなど) ……1kg
米のとぎ汁……3ℓ
砂糖……300g

作り方

1 バケツにとぎ汁を入れ、細かく切った皮と砂糖を加えて、フタをする。
2 数日後、ブクブクと発酵してきたら、こまめにかき混ぜる。
3 夏は1カ月で、冬は3カ月で完成。

*少しずつ作る場合は、1.5ℓのペットボトルに皮を4分の1の高さまで入れ、砂糖大さじ2を加え、とぎ汁を毎日少しずつ継ぎ足す。ときどきガス抜きをして、3カ月で完成

*とぎ汁の代わりに酒を使うと、砂糖不要で皮のエキスを抽出できる。1週間で完成。大さじ2を精製水100mℓで割り、スプレーに入れると、部屋、動物、生ゴミのニオイ消しに使える

ゆずのカラカラ搾り粕で、いつでもゆず湯

大分県九重町の佐藤恵美子さんはゆずの果汁を搾り、料理に使ったり、ジュースやゼリーにして楽しんでいます。さらに搾り粕はハウスの中で１カ月ほど天日乾燥。カラカラになったら、保存しておきます。このカラカラの搾り粕を水切りネット（台所の三角コーナー用）に５～６個入れて、湯船に放り込むと、あっという間にゆず湯になります。

自宅前で直売所を営む恵美子さん。ゆずの搾り粕をお風呂に入れたらいいよね、というお客さんの声を聞き、商品化したところ、結構人気が出たそうです。１袋２００円で売れます。

これなら好きなときにゆず湯が楽しめますね。

搾り粕のゆずの皮で柱や縁側がピッカピカ

高知の食事にはゆずがつきものです。たっぷりゆずをふりかけた料理は、「ゆの酢がきいちゅー」と喜ばれます。ところで、このゆずの搾り粕の利用法をひとつ。

安芸市栃の木の小松さんの家では、ゆずを４反ほど作っています。小松さんは、ゆずを搾り終わったあとの搾り粕（にが皮、うす皮）を使って、家の柱や縁側の手入れをするとのことです。搾り粕をさらしの袋に入れて磨きをかけると、手あかや足のあとがとれ、光沢が出てツヤツヤになるそうです。

実は、これは小松さんの奥さんが、ゆずを包丁で切っていて飛び散った汁で、まな板がキレイになるのに気づいて試してみたもの。

ゆずの搾り粕は密閉容器に入れておけば長持ちするそうです。

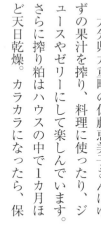

果汁・まるごと

乾燥ゆず
かぜの予防やケガの化膿を抑える「常備薬」

●西村良平

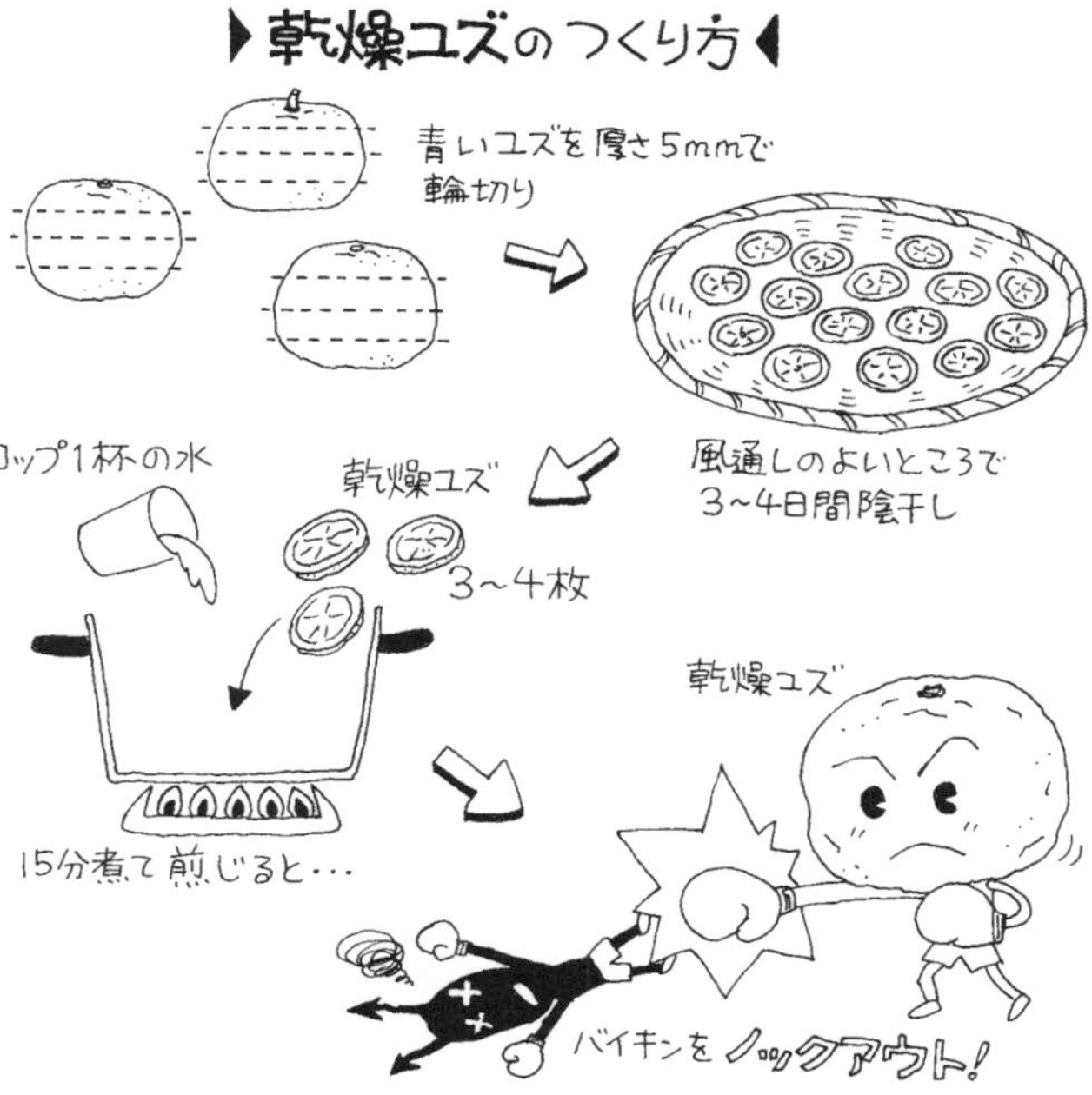
乾燥ユズのつくり方
青いユズを厚さ5mmで輪切り
風通しのよいところで3～4日間陰干し
コップ1杯の水
乾燥ユズ
3～4枚
15分煮て煎じると…
乾燥ユズ
バイキンをノックアウト!

長崎県島原半島の有家町《ありえ》にある薬屋さんには、干した輪切りのゆずが売られています。江川孝子さんは、自分でこの乾燥ゆずを作っています。

「これを飲むと、かぜの予防にもいいし、切り傷が化膿してウミがたまってくるのを抑える働きもするんですよ」と、家庭の「常備薬」のようにとても大事にしています。

輪切りにして3〜4日干せば完成

作り方は、青いうちにもいだゆずを5㎜くらいの厚さで輪切りしたら、それを風通しのよいところにおいて陰干しするだけ。3〜4日もたてば、それでもう乾燥ゆずの完成なのです。

「どうもかぜをひきそうだな」というときには、さっそくこの乾燥ゆずを煎じて飲みます。鍋にコップ1杯の水を入れ、そこに乾燥ゆずを3〜4枚落として、あとは火にかけ、コトコト煮るだけ。15〜20分もすればできあがり。

これを冷ましてから飲んでもよいし、寒い日なら、熱いうちに飲めば、体もほかほかと温まってきます。

ケガをしても切り口にウミがたまらない

家のおばあちゃんが消毒の噴霧機のベルトに手を巻き込まれて病院に。傷口を見たお医者さんが「薬といっしょにゆずも飲みなさい」と言いました。

おばあちゃんが乾燥ゆずを毎日、煎じて飲んでいると、傷口が化膿することもなく、回復に向かっていきました。乾燥ゆずには、化膿の原因となる菌を殺していくような働きがあるといわれます。ゆずを搾った汁を入れた水を飲めば、すっきりさわやかな清涼飲料になりますが、乾燥ゆずを煎じたものなら、格段に体によいというのです。

ただ、乾燥ゆずは、梅雨どきになるとタネのまわりに虫がわきやすいのです。風通しのよい場所に置くか、冷蔵庫に入れておくのもよいでしょう。

おいしく風邪予防

きんかんゆず酒

薬酒マスター・
オサム師（渡邉　修）

材料

きんかん……500g
ゆず……3個（皮と果汁）
レモン……2個（果肉）
35度ホワイトリカー……1.8ℓ
氷砂糖……150g
※果物はすべて生を使う

●薬効

きんかんをベースに、ゆずで香り、レモンで酸味をプラスした、さわやかなお酒です。柑橘類特有の精油成分のほか、ヘスペリジン・クエン酸・ビタミンCなどを含み、疲労回復や健胃・風邪予防など、冬の健康維持には効果的な1杯でしょう。

作り方

1. きんかんは洗って水気を取り、1/2〜1/4に輪切りにする。
2. ゆずの皮を、白い部分を残さないようにむく。ゆずの果汁も搾る。
3. レモンは、皮を厚くむいて、果肉を輪切りにする。
4. きんかんとレモンの種子も含めて、以上の材料を密封できる保存ビンに入れ、ホワイトリカーを注ぐ。
5. 冷暗所に保存し、5日に1回くらいビンをゆすって攪拌する。
6. 仕上がりは、1〜2カ月後。仕上がったら濾紙やペーパータオルなどで濾し、細口ビンで保存。

傷やかゆみ止めに、

お手製ゆず焼酎

長崎県長与町の山田ミサエさんに、傷やかゆみ止めに効くゆずの焼酎漬けの作り方を聞きました。

用意するものは、35度の焼酎６００ccとグリセリン１００ccとゆずです。ゆずは輪切りにすると後で実を濾す必要があるので、包丁で周囲に切れ目を入れるだけにします。焼酎にグリセリンを混ぜ、ひたひたになるくらいの量のゆずを入れ1週間するともう使えるようになります。

長持ちもします。ミサエさんは3年前のものを使っています。化粧水、傷薬、なんでも使える万能液。ミサエさんはみかん防除で体がかゆくなっても、これを塗るとすぐかゆみが治まるそうです。

第3章

ゆず栽培Q&A

ゆずってどんな植物？

●池田富喜夫

原産地は中国

ゆずは中国原産で揚子江上流、雲南などに分布し、中国と日本でよく知られた香酸柑橘の一種である。日本では、

柚、または柚子の字をあてるが、中国では香橙といい、柚はぶんたんを意味する。ゆずは*Citrus junos*という学名をもち、種として扱われているが、米国では野生種のイチヤンパペダとマンダリンの雑種としている。しかし、イチヤンパペダはもはや交雑に供しにくいので、その検証はむずかしい。

ゆずは柑橘類のなかでは病害虫に強く、耐寒性もカラタチに次いで強いので、粗放性に耐え、中国の南西域、北方中央域に広く分布している。主として食酢として利用しているが、日本ほど重宝していない。

原産地では、野生しているといわれるがほとんど原生林は知られず、クルミ、カキ、ザクロなどの生育している地域の庭先に放任栽培されている。

日本への伝来と産地

ゆずは、日本には北京方面から朝鮮半島を経て、少なくとも唐代以前の古くに伝来した。イズ、イノス、ユノス、などの異名があり、他の香酸柑橘と区別するためにホンユともいう。

２０１５年産の香酸柑橘４万３００ｔの生産量のうち、約60％を占め、次のスダチを抜いて第1位である。ゆずの消費は最近減少している温州みかんに比較してやや上昇し、安定している。四国が主生産地で、なかでも高知県、徳島県での生産が多い。

果実の特徴

ゆず果実は１３０g内外あり、成熟果は鮮やかな黄色を呈する。果面は強いしわをしめし、果皮も厚い。果肉部は10室に分かれ、成熟果では果汁が少ない。内部に大型の種子を7～8個有している。それらの重量割合は果皮45％、果肉44％（果汁は26％）、種子11％程度である。種子は白色で少胚性である。種子の食品的用途はなく、実生をみかんの根接ぎ台木に使う場合がある。

▼栄養成分ではアミノ酸が豊富

ゆず生果の組成成分を次ページの表

に示した。ビタミンCが果皮に多く150mg／100g程度あり、果肉には40mg／100gあまりある。アミノ酸は100g中にグルタミン9mg、プロリン10mg、アスパラギン7mg、アラニン、バリンなどであり、食品として甘みを深くする。

▼さまざまな香気成分を含む

ゆずの香りの主成分として、d―リモネン（50〜70％で最高の含量）、α―ピネン、ミルセン、β―ピネンが知られているが、近年、ゆずの香気の特定成分は、脂肪族ケトンのユズノンと脂肪族アルコールのユズノールであることが、日本で発見された。この成分は、果皮の油胞のみに含まれているごく微量の成分であるが、ゆずらしい香りを生み出している。その他シトラール、リナロール、α―テルペノール、p―シメン、n―ヘチシルアルコール、n―ノニールアルデヒド、チモール、リナルアルデヒドなどが検出されている。

　これらの成分の大部分は外皮の油胞内にある。これら香り成分の多くは150℃程度の低沸点のエステル、アルコール類であることから、貯蔵、加工、調理時の温度や時間などに十分な配慮をなし、香気成分の揮発をできるだけ抑制する必要がある。

果肉部は10室に分かれ、重量比は44%、種子は11%をしめる

表　ゆずとスダチの果実の成分表（100g 中の含量）

		ゆずの果皮	ゆずの果肉	スダチの果皮	スダチの果肉
水分	(g)	74.7	91.4	80.8	92.9
タンパク質	(g)	1.8	0.5	1.6	0.5
脂質	(g)	0.8	0.1	0.3	0.1
糖質	(g)	18.2	7.5	13.6	6.1
繊維	(g)	3.7	0.1	2.8	0.1
カルシウム	(mg)	75	20	150	16
カリウム	(mg)	260	210	290	140
ナトリウム	(mg)	9	1	1	1
リン	(mg)	17	11	17	11
ビタミンC	(mg)	150	40	110	40
ビタミンA	(IU)	44	0	420	0

注　香川芳子監修、1998、『食品成分表』、女子栄養大学より

加工での利用

ゆず果実は果汁を食酢として利用するばかりでなく、豊かな果皮の栄養分を利用する観点から、果肉をくりぬいた半切りの果実にさまざまな具を入れた食品が開発されている。

　果皮は、千切りにし細いひも状にすると、黄色い付香天盛り材となる。生魚はもとよりアルミホイルの包み焼きの魚や、煮魚などに使うと独特の風味をもつ料理となる。果皮は甘煮にすると保存性のある甘煮菓子となるので、いろいろな土産物として物産化している。

ゆず果実はペクチンを多く含み、ジャムやマーマレードとして容易に加工調理される。また、ジューサーなどですりつぶすと他の食品との和え物も可能であり、味噌との混合でいろいろなレシピのゆず味噌が日本各地で発達している。ゆず味噌かけの具には、豆腐、コンニャク、クジラの乾燥戻し肉など多くの食材がある。

ゆべし（柚菓子）は、茶菓子として中国からその製法が伝来したものといわれ、九州から東北の広い地域の城下町には同名異種の菓子が販売され、地方色豊かである。ゆず汁に添加する味噌の種類や添加香料の違いで、味の大きく異なった菓子作りが可能である。

青ゆずのすりおろしは、強い芳香をもつため、ゆず風味のジュース、シャーベット、洋風菓子などにも付香料として用途が広い。

機能性成分が豊富

▼クエン酸

ゆず果実の酸味は90％以上がクエン酸であるが、アミノ酸などと相まって、心地よい味の食酢である。クエン酸は疲労回復に効果を発揮する。特に激しい運動ののちの摂取は、血中の乳酸濃度の早期低下に役立つ。

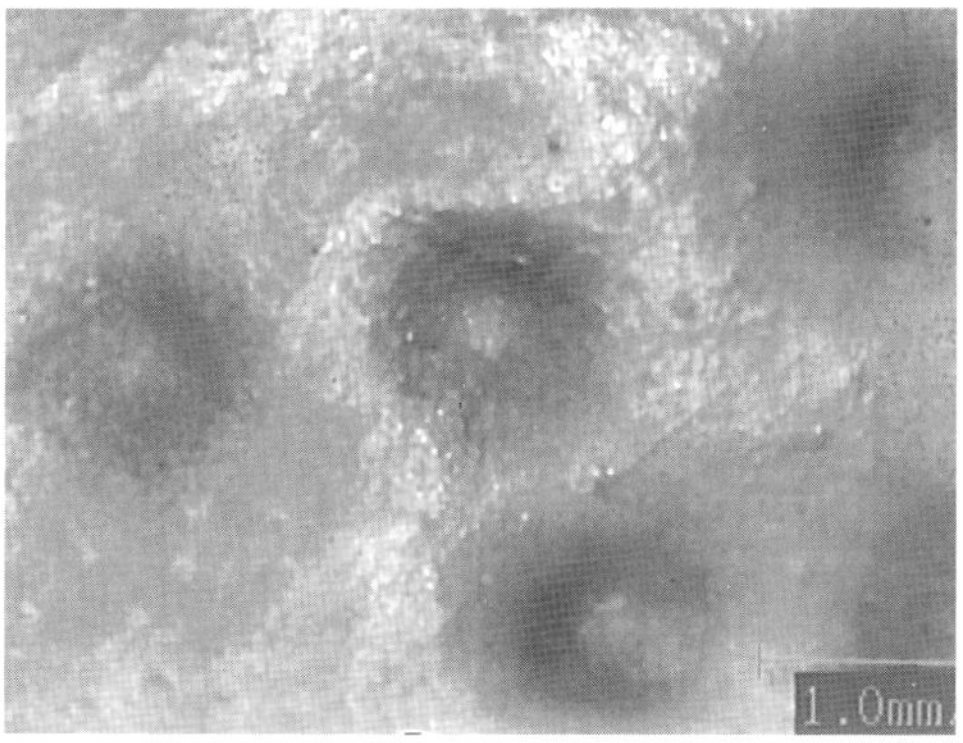

果皮の油胞
香気成分はここから揮発される

▼ビタミンC

ゆず果皮に特に多いビタミンCは、果皮に張りのある間は減少が少ないので、特に鮮度をよくする必要がある。成人は１日に１００mgのビタミンCが必要とされているので、ゆず果皮の１個分の料理で充足できる。ビタミンCは人間のタンパク質コラーゲンの形成や無機鉄の吸収、コレステロール、ホルモン代謝、免疫機能の増強などの生理作用が知られている。

▼香気成分

ゆずの香り成分であるリモネンやリナロールなどは人間の精神に癒しの効能があり、古くからゆず湯に利用されている。

▼リモノイド

果皮に含まれるリモノイドはガン抑制効果をもっている。

▼β-カロテン

β-カロテンはビタミンAの前駆物質であるが、この含量も果皮に多く、皮膚の乾燥、肌荒れ防止に役立ち、抗酸化作用、免疫機能の強化などに効果を発揮している。

機能性からみた場合、ゆずには上述のような各種の有効成分が含まれる。したがって、生食としての利用に加えて、加工原料としての果実にあってもこれら成分をいかにして保持し、鮮度を長く保ちながら、利用、加工するかがきわめて重要である。

加工副産物もいろいろ利用

ゆずを加工するさいに出る副産物は、幼果時の摘果未熟果と成熟果の果汁を搾ったあとの果皮、さらに大きな多数の種子である。

▼未熟果

未熟果は青ゆずといって、果皮をすりつぶして薬味調味料として使える。また乾燥果皮は粉末にして保存し、漢方医薬品として利用できる。

▼果皮

成熟果の果汁を搾ったあとの果皮はガーゼに包んで湯船に浮かべると、ゆず湯として格別の風呂になる。ゆず湯は血行を促進し、体を温める。多量のペクチンは温浴中に体内に入り、肌に潤いを与える。ゆず香は神経をリラックスさせる効能がある。

▼種子

多量の種子利用は現在大きな用途はないが、その実生は耐寒性や深根性のために温州みかんの台木として用いられてきた。しかし現在はカラタチ台木が一般化しているため、台木としての用途はない。カラタチ台のオレンジ類は、樹齢とともに樹勢の低下が知られているが、このような樹にはゆずの根が根接ぎ用の台木として用いられ、樹勢回復に貢献している。

ゆず果実はすべての部分が完全利用できる。皮などの廃棄物を大量に出す果実のように、公害の要因となることのない環境にやさしい果物であり、今後の研究の進展でさらに高度利用が期待されている。

ゆずの系統と品種

▼さまざまな系統

ゆずには早生系、少とげ系、香気高い多果汁系、少核系などの系統がある。早生品種として山根系、豊産品種として海野系、古野系などが選抜されている。また、ゆずはトリステサイウイルスに感受性が強いので、弱毒系として、永野系、山下系などが選ばれている。しかし、加工特性としては系統間に大差はない。

▼無核ゆず

ゆずには有核種（有核ゆず）と無核種（無核ゆず）がある。無核ゆずは有核ゆずよりひと回り小さい80～１００g程度で、扁平果である。時として種子を生じるが、これらの種子の無性胚から生じた実生も種子なし果実を結実する。

多田錦や川上柚の名で知られる系統は、無核ゆずの実生から選抜されたもので、11月に糖度が８％、酸度が３・５％程度の多汁無核果の品種である。樹勢はあまり強くなく、豊産性で早期結果性であり、果実の貯蔵性もよいので、加工にも適している。

ゆずの系統や品種の違いで、加工用途が異なる可能性はうすく、いずれの系統や品種でもゆずの加工用途に仕向けられる。むしろ、果実の収穫量の違いが系統や種類を選定するうえで重要である。

（元東京農業大学）

庭先でゆずを栽培するには？

鉢植えや地植えでコンパクトに育てるコツ

●㈱RIFNUM

東北から九州まで栽培できる

ゆずの原産地は中華人民共和国の中部及び西域、揚子江上流だといわれています。わが国では1965年頃は埼玉県が主産県であったようですが、1990年以降からは全国での栽培が伸び始め、近年特に四国では全国の90%以上の生産量が報告されています。その後全国の至る所で栽培が始まり、それらはむらの特産品作りのブームにも乗って広がったといわれています。現在栽培されている地域は、栃木県から鹿児島県までと広域です。

　また、先の東日本大震災による津波災害で生き残った本ゆずの木が岩手県の陸前高田市に現存しています。これを地元では「日本北限のゆず」と称して、これを親とした苗木を増殖し、数々の特産品を作っており、私もゆずの栽培北限として認定したいと思います。

　このように、最低夜温が総じてマイナス10℃を下回らず、適度な降霜地帯であれば十分にゆずの栽培は可能といえます。

おすすめ品種とその特徴

　わが国に現存するゆずには3系統があり、本ゆずとして「木頭系」、結実性の早い系統の代表として「山根系」無核ゆず系としての「多田錦」があります。多田錦は本ゆずと比較すると果実が多少小ぶりで香りもわずかに劣りますが、トゲが少なくタネもほとんどなく、果汁が多いので栽培しやすく、家庭園芸には最良種といえます。

　なお、獅子ゆずといわれる大玉のものがありますが、これは木の姿や実の容姿が似ているのでゆずの仲間のようにいわれているものの、実際にはぶんたんの一種でゆずのような強い香りはありません。

家庭用にぴったりの品種「多田錦」。トゲが小さく、実はタネが少なく果汁が多い

　このほかの珍しい品種としては、ゆずと同じ香酸系柑橘の一種でシトロンの変種である仏手柑《ぶっしゅかん》があります。これは、果実の形が仏様が掌を広げたような形に見えることから呼ばれているようですが、皆さんにはぜひこの葉を手で揉んで嗅いでいただきたい。さわやかな、そして非常に強い香りはポプリ

以上に生のポプリとして楽しめる品種です。

苗の植え付けに適した時期

流通している苗木はすべて接ぎ木の1年生か2年生のものです。台木はカラタチを使用しており、これに接ぎ木することで、他の柑橘と比較して耐寒性の強いゆずがさらに耐寒性を増します。しかし、あなたが温暖で強い霜の降りない地域に住んでいる、または、鉢植えで強い霜の被害に遭わないように管理場所を選べるのならば、自分で枝を挿し木して、発根すればその苗木でも開花結実させることは可能です。

量販店ではほとんどの苗木がポットに入れられて販売されていますが、多くの苗は畑で育てた苗木を秋から真冬を除き春に掘りとったものを、ポットに入れ込んだだけのものがほとんどです。その点からもポットで購入しようが、素掘り苗木を購入しようが、どちらも同じ時期に同じ方法で植え付けすることをおすすめします。

植え付けの適期は苗木の購入時期によりますが、鉢植えであれば秋植えしてもその後の防寒をしてやれば年内に根付き、春の生長が春の定植と比べ、1カ月近く早く旺盛に進むので、可能な限り秋の彼岸前後の定植がおすすめです。

露地栽培の場合は、営利農家のほとんどが春植え（2月下旬から3月上旬）を行なっています。この時期を逃してしまった場合は、ゆずを含む柑橘に限り梅雨中であれば定植可能です。

鉢植えはどんな鉢、土がいい？

時期によっては2年生の接ぎ木の苗木を入手できる可能性もありますが、通常ポットに入れられて販売されているものも素掘り根巻き苗木も1年生の苗木です。根量と根部の長さによって鉢のサイズを選びます。特に柑橘苗木は根部が比較的長めであるため、30cm以上の深さのある鉢を選ぶのが理想です。鉢の口径は直径30cmあれば十分ですが、プラスチック製であれば側面に縦長の穴が数カ所開いているスリット鉢といわれる物がよいでしょう。昔ながらの素焼き鉢でも十分です。

植え付け土壌は、適度な排水性と腐植性をもつことが最も重要です。自分で配合をするのが面倒な場合は、市販の花や野菜用の園芸培養土に赤玉土を25～30％の割合で混用したものを利用するとよいでしょう。

根巻きしにくい「スリット鉢」（植えられているのはハッサク）

ポット苗の根鉢の処理

植え替え時に底部分で根巻きしている根をノコギリで真横に2cmくらい切り落とす

やはりノコギリで縦に均等に1cm程度の切れ込みを数カ所入れる

鉢植えの植え付け方法

鉢底に鉢の深さの3分の1程度まで培養土を入れます（左ページの図1）。いわゆる鉢底石は使用せず、培養土を入れることが重要です。鉢底に入れた3分の1の底土の部分に、樹を伸長させるための直根と、養水分を吸収する斜めに伸びた根をはびこらせることで、鉢栽培でも充実した花が咲き、結実収穫して生食に十分供することのできる果実を得ることができるのです。

底に入れた土の上に苗木を入れ、主枝が地面に対して垂直になるように角度を調整しながら、鉢内に培養土を入れます。植え付けする苗木の根はあらかじめすべての根を長さ5～10cm程度まで短く切り詰めておき、根の部分にしっかり給水したものを使用することも重要です。

鉢の上までまんべんなく土を入れたら、土と根、主枝を密着させるために、両手の指を広げ、指先を地面に向けて垂直にゆっくりと押し込みます。鉢を回しながら2～3回違うポイントで行ないます。植え付け後は、接ぎ木部位から20cm程度上の所で切り戻して、主枝にそって長さ１m程度の支柱を立てて、枝の基部と上部2カ所を軽く結びます。最後に、しっかりとかん水を上から行ないます。

地植えの植え付け方法

露地植えの場合は、植え付け約1カ月前までに植え穴の準備を行なっておきます（左ページの図2）。土質にもよりますが、ゆずの根は地下部深度80cm程度までは伸びていくので、自然に近い状態の生育を望む場合は、かなり深く植え穴を掘り、その周囲直径３mを土壌改良する必要があるものの、実際にはこのような穴を掘ることは不可能です。また、元来樹勢が強く縦に長く伸びるゆずをこのように育てることは考えず、いかに根域をうまく制御して、樹勢を抑えて小ぶりの樹作りを行なうかを考えた栽培をするべきです。

地下部に垂直に伸びる根を50cm程度に抑えられるように、植え穴の深さは50cm程度までとし、直径１m程度の周囲を掘り上げて、掘り上げた土に完熟牛糞堆肥か完熟腐葉土を20ℓと、pHが低い場合は苦土石灰５００ｇとヨウリン２００ｇをよく混ぜて埋め戻しておきます。

植え付け当日は、根の量に合わせて穴を掘り、それぞれの根をできるだけまんべんなく広げて、土と密着させながら、接ぎ木部分が隠れない程度の深さに調整して土をかぶせます。植え付け後は、土を軽く踏み固め、周囲にぐるりと土手状に盛り土をして水鉢を作ります。また、苗木は接ぎ木部分から長さ20～40cmの所で切り戻します。

鉢植えと同様に、支柱を立てて風などで枝が揺れない程度に固定します。

1～2年目の手入れのコツ

植え付け後1年目に気を付けることは、①台芽の切除（接ぎ木部より下から出る芽を取り除く）、②2～3本の主枝を決定し、それ以外の枝を切除する、③春枝をしっかり伸ばして、夏以降に発生する枝が徒長するような場合は早めに切除してやることが重要です。

定植後の2、3年目も同様にします。1年目と違うところは、残した主枝から発生する側枝のボリュームが増してくるのを放置せず、適度に間引き、摘心をして枝間の通気性と枝の内部への適度な日当たりを確保することです。

また、ゆずは一部品種を除き、枝にはトゲが発生します。徒長枝なら枝が若いうちはトゲが軟らかいので、早めに摘み取ります。

このようなことに気を付けて、間引き中心に整枝してむやみに枝数を増やさず、適度な間隔で枝を配することができれば、早ければ植え付け3年目には開花結実が期待できます。早期結実させることでより樹をコンパクトに維持することが可能です。

収穫のコツ――3年目から

早ければ植え付け後3年目から数個ながら収穫は可能です。8～9月末の青い果実の状態で収穫すると、ゆずこしょうなどに使えます（青玉果）。青玉収穫は、果実の直径が4㎝以上になったら行ないます。収穫時にトゲで果実を傷めないように注意します。

ゆず酢として利用するものは、特に7分程度に着色したものの香りが高いので、収穫時期の判断は重要です。もちろん完全に黄色に着色したものを利用してもいいのですが、完全着色果は浮皮になりやすい傾向があります。浮皮になった果実は貯蔵性が低いので、いつも浮皮が発生するようなら、完全着色よりも8分程度着色した段階で収穫するとよいでしょう。

図1　鉢植えの植え付け方法

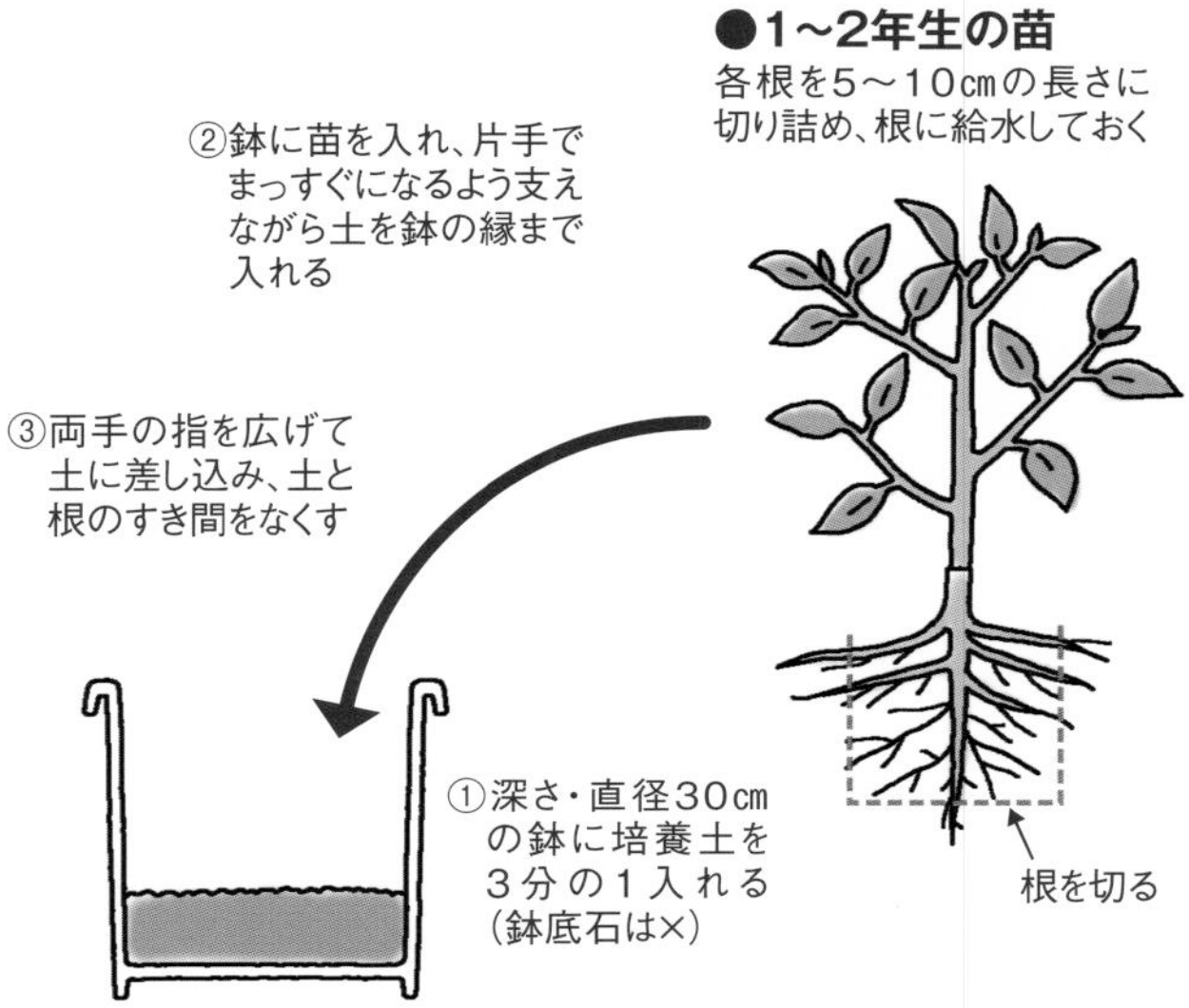
●1～2年生の苗
各根を5～10㎝の長さに切り詰め、根に給水しておく
②鉢に苗を入れ、片手でまっすぐになるよう支えながら土を鉢の縁まで入れる
③両手の指を広げて土に差し込み、土と根のすき間をなくす
①深さ・直径30㎝の鉢に培養土を3分の1入れる（鉢底石は×）
根を切る

図2　地植えの植え付け方法

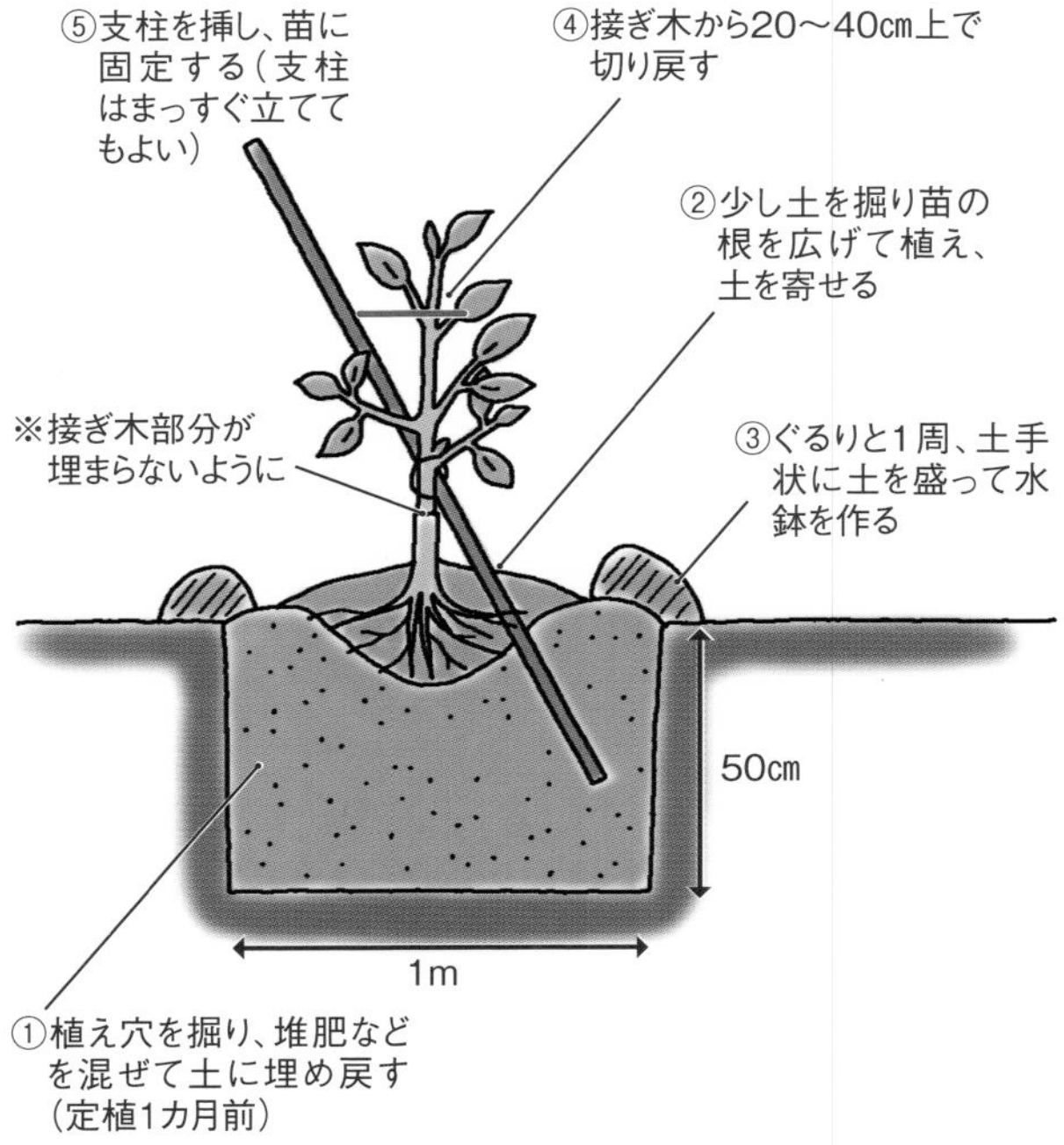
⑤支柱を挿し、苗に固定する（支柱はまっすぐ立ててもよい）
④接ぎ木から20～40㎝上で切り戻す
②少し土を掘り苗の根を広げて植え、土を寄せる
※接ぎ木部分が埋まらないように
③ぐるりと1周、土手状に土を盛って水鉢を作る
50㎝
1m
①植え穴を掘り、堆肥などを混ぜて土に埋め戻す（定植1カ月前）

ゆずの樹を低くするには？

こんなに低樹高！　ゆず生産者組合の元組合長の海老谷経介さんの園

幼木から低く育てる方法

●山本善久

「樹高2mで仕事がラク」
「4L級の玉が1株から300個ぐらいとれる」

という評判の島根県美都町。ゆずの低樹高化の詳しいやり方を山本善久さんにご紹介いただいた。

1　幼木からの低樹高化

①基本は幼木からの誘引！

ゆずを低樹高化するには、何といっても幼木から始めるのが基本です。成木をカットバック（切り下げ）して低樹高化させるのは、後の管理に手間がかかったり、樹勢の低下を招いたりとむずかしい面を多く抱えています。その点、幼木から誘引を行なって徐々に樹冠を広げていくと、植栽当初は手間がかかりますが、無理なく低樹高化を達成できます。

②2年目から主枝候補枝を誘引

幼木を植え付けて2年目の秋に、主枝候補枝を2～3本決め、添え竹などを使って徐々に下方向に誘引を始めます。このとき、あまり極端に低くすると徒長枝が乱立して管理が大変になるので、誘引角度は45度ぐらいまでとします。主枝が基から裂けないように、枝の分岐部をヒモで結束しておきます。

以後は、樹冠の拡大に努めながら、

徒長枝や混み合った枝を抜いていきます。また、空いた空間を埋めるように亜主枝候補を誘引してやります。

2 成木からの低樹高化

①放任園ではむずかしい

本来は、切り下げるのではなく誘引によって低樹高化を図りたいのですが、成木となった樹では、不可能な場合がほとんどです。おまけに、トゲが邪魔をして誘引作業も困難を極めます。そのような場合、樹高を切り下げます。

植え付け2年目に主枝候補補枝を2 ～ 3本決めて、竹などを使って下方向に誘引する。主枝が基から裂けないように、枝の分岐部をヒモ（矢印）で結束しておく。イチからのスタートになるが、これが低樹高化の基本

ただし、まったくの放任園や肥培管理を行なっていない園・樹ではむずかしいと思います。樹高の切り下げは、樹勢が普通から強めで、ある程度の整枝・せん定などの管理をしている園・樹で行なうようにします。

②3月頃に主枝を切り下げる

傾斜地での栽培では、脚立を使った管理がむずかしく、高齢者には危険であるため、美都町では樹高2mを目標に低樹高化をすすめています。

基本的には、3月頃、発生位置の低い亜主枝などまで切り下げ、主枝を作り直します（86ページの図1）。

③夏に伸びる徒長枝は早めにかく

切り下げ後の状態により、主枝を誘引したり、主枝先端が水平から下がり気味の場合は吊り上げます。枝が弓なりになると、その部分から徒長枝（夏枝）が乱立するので主枝先端は高く保つようにします（図2）。

また、亜主枝候補枝を誘引して亜主枝として育てます。適当な候補枝がない場合は、徒長枝を誘引して亜主枝にします。

夏頃、太枝上から発生する徒長枝を放任しておくと低樹高は維持できません。そこに枝を残したい場合を除いて、早めに取り除きます。

いずれにせよ、切り下げ後は徒長枝が多くなるので、これを誘引して亜主枝にするなどして、結果部を増やしていくことが大切です。

④樹幹の日焼け症対策

ゆずでは、樹勢の低下や直射日光・凍害が複合的に作用して樹幹の日焼け症が発生します。特に切り下げ後は、多くの場合、樹冠内部を覆っていた枝を取り除いてしまうので、枝葉のない空間ができ、樹幹の日焼け症が問題となります。対策としては、①白塗剤を塗布する、②返し枝で日陰を作る、③春枝などの新梢（弱いもの）を残して日陰をつくる、などで対応しています。

成木の切り下げによる低樹高化

切り下げたあとの春の様子。竹を使って先端を立てている。マイカー線（矢印）を使って、徒長枝を誘引して亜主枝にしている。成木の切り下げは手っ取り早いがむずかしい面もある

図１　樹高の切り下げ

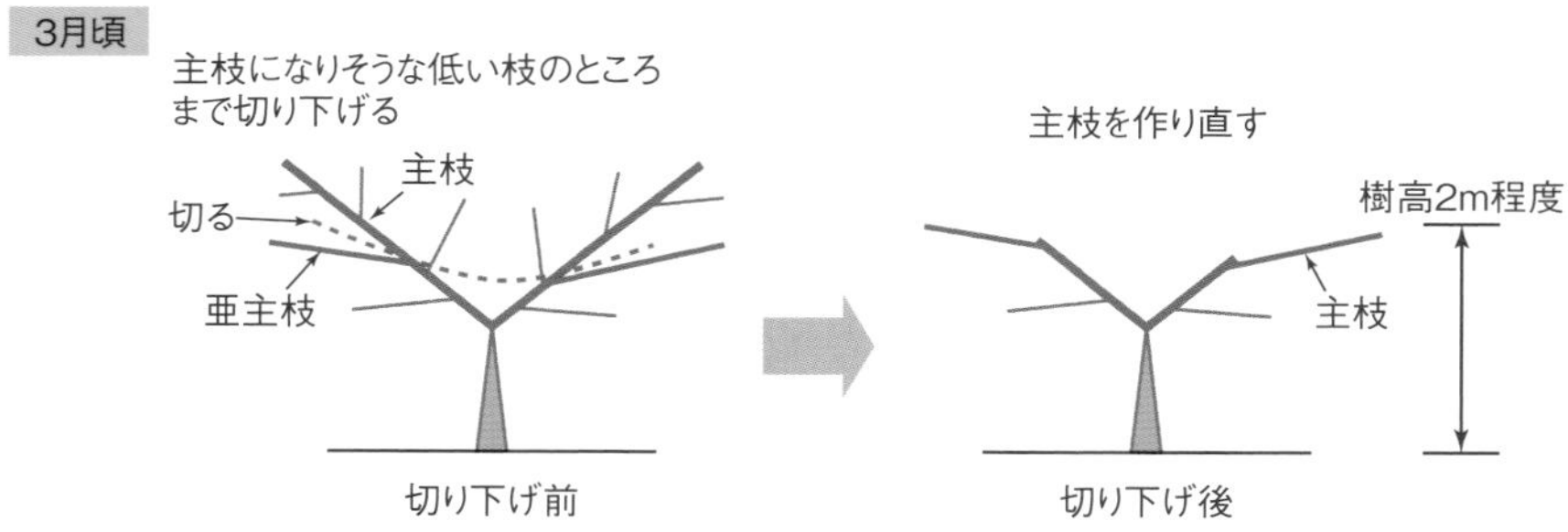
3月頃
主枝になりそうな低い枝のところまで切り下げる
主枝
切る
亜主枝
切り下げ前
主枝を作り直す
樹高2m程度
主枝
切り下げ後

図２　成木の切り下げ後の管理

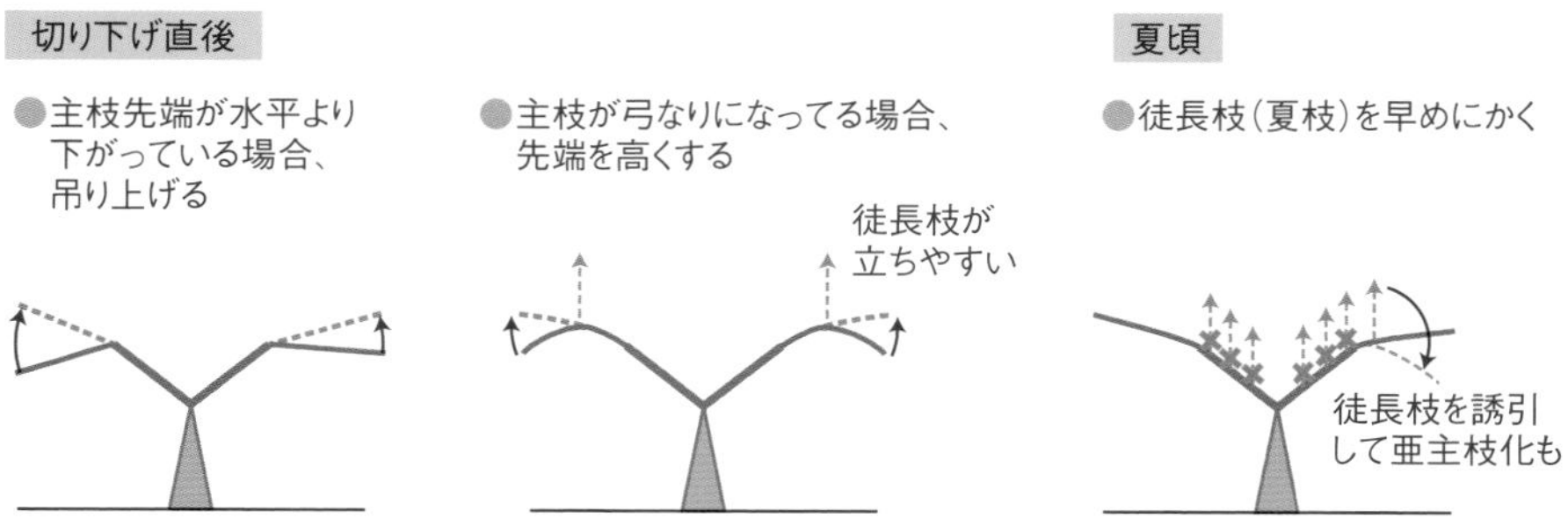
切り下げ直後
●主枝先端が水平より下がっている場合、吊り上げる
●主枝が弓なりになってる場合、先端を高くする
徒長枝が立ちやすい
夏頃
●徒長枝（夏枝）を早めにかく
徒長枝を誘引して亜主枝化も

図３　成木を切り下げず、元から
やり替える方法もある

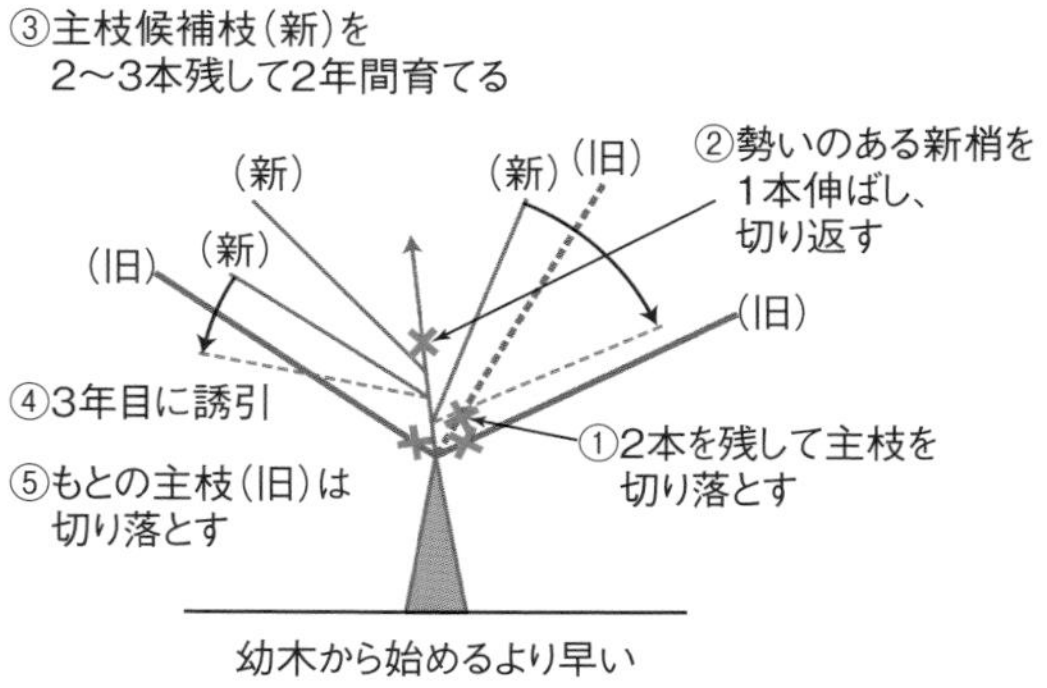
③主枝候補枝（新）を
2～3本残して2年間育てる
②勢いのある新梢を
1本伸ばし、
切り返す
（新）
（新）
（旧）
（旧）
（新）
（旧）
④3年目に誘引
①2本を残して主枝を
切り落とす
⑤もとの主枝（旧）は
切り落とす
幼木から始めるより早い

３　やり替えたほうが早い場合もある

切り下げても主枝となる枝がないなど、切り下げや誘引での低樹高化が無理な場合は、元からやり替える方法も現地では行なわれています。

３本の主枝のうち２本を残して、あとの１本は切り落とします。その基部から発生する新梢のうち勢いのよいものを１本伸ばし、切り返します。そこから発生した枝から主枝候補枝を２～３本ほど残して２年間育て、３年目に誘引します。これだと３年目から実がつき、４～５年目でほぼ形が完成します。この時点でもとの２本の主枝は切り落とします。誘引を実施することで樹高も２ｍ程度に抑えられます（図３）。

（島根県農業技術センター
総務企画部企画調整スタッフ）

大きくなった樹を低くする方法

●浅川知則

冬が近づくと黄色い実がたわわになり、さわやかな香りが漂う……。庭木としても人気のゆずですが、もともと樹が大きくなる性質があるので、せん定をしないと６～８ｍ以上の大木になってしまいます。

加えてゆずにはトゲがあります。高枝バサミを持って、脚立に上がってフラフラ不安定、目の前にはトゲ地獄……。楽しいはずの収穫が命がけの作業になってしまいます。

岩手県農業研究センターでは、このような大きくなってしまったゆずをせん定により低樹高化することで、どのような効果があるのかを調査しましたので、ご紹介します。

ゆずが復興のシンボルに

岩手でゆず？　と思われる方も多いかもしれませんが、じつは沿岸南部の気仙地域（主に陸前高田市）はゆずが生育できる北限といわれており、昔から庭木としてゆずが植えられていました。古いものでは樹齢２００年以上と推定される樹も存在します。

この地域では、ゆずは主に自家消費中心でしたが、東日本大震災以降は陸前高田市の復興のシンボルとして、ゆず園の整備や加工品開発などにより、「北限のゆず」を産地化・ブランド化しようという取り組みが行なわれています。

一方、現在果実を収穫している樹は、ほとんどの樹が無せん定状態で樹高が高く、枝が混み合い日当たりが悪い状態。収量・収穫効率の低下につながっていました。

そこで当センターでは、国の復興支援事業である「食料生産地域再生のための先端技術展開事業」を活用し、これらの課題を解決するための実証研究に取り組みました。

光が入って実がたくさん

低樹高化は日当たりと作業性の改善を狙いとして、図のようにせん定を行ないます。

低樹高化すると収量は約３７０kg、無せん定の樹の１０５kgと比較して、３倍以上に向上しました（４年間の累積収量）。樹は小さくなるかわりに、内部に光が入るようになり、新梢の発生が増え、花芽ができやすくなると考えられます。

また収穫にかかる時間は、果実10kg当たり、低樹高樹で23分、無せん定樹で33分となり、30％程度低減できました。脚立を使わず高枝バサミだけで収穫が可能になり、作業時の体への負担感も軽減されました。

せん定時の注意点として、枯れ込みを防ぐため、厳寒期のせん定は避け、また、大きい切り口には癒合促進剤を塗布してください。切った枝のトゲでケガをすることがないようヘルメットや手袋、ゴーグルなど十分な安全装備の上で作業を行なってください。最初にとりかかる際は、枝が混んでいて樹の中に入りづらい場合もあるので、高枝切り用チェンソーなどがあると、安全かつ楽に作業ができます。

まずは混み合った枝の整理だけでも、日当たりが改善されますので、ぜひ取り組んでいただけると幸いです。

（岩手県農業研究センター）

低樹高化せん定のイメージ

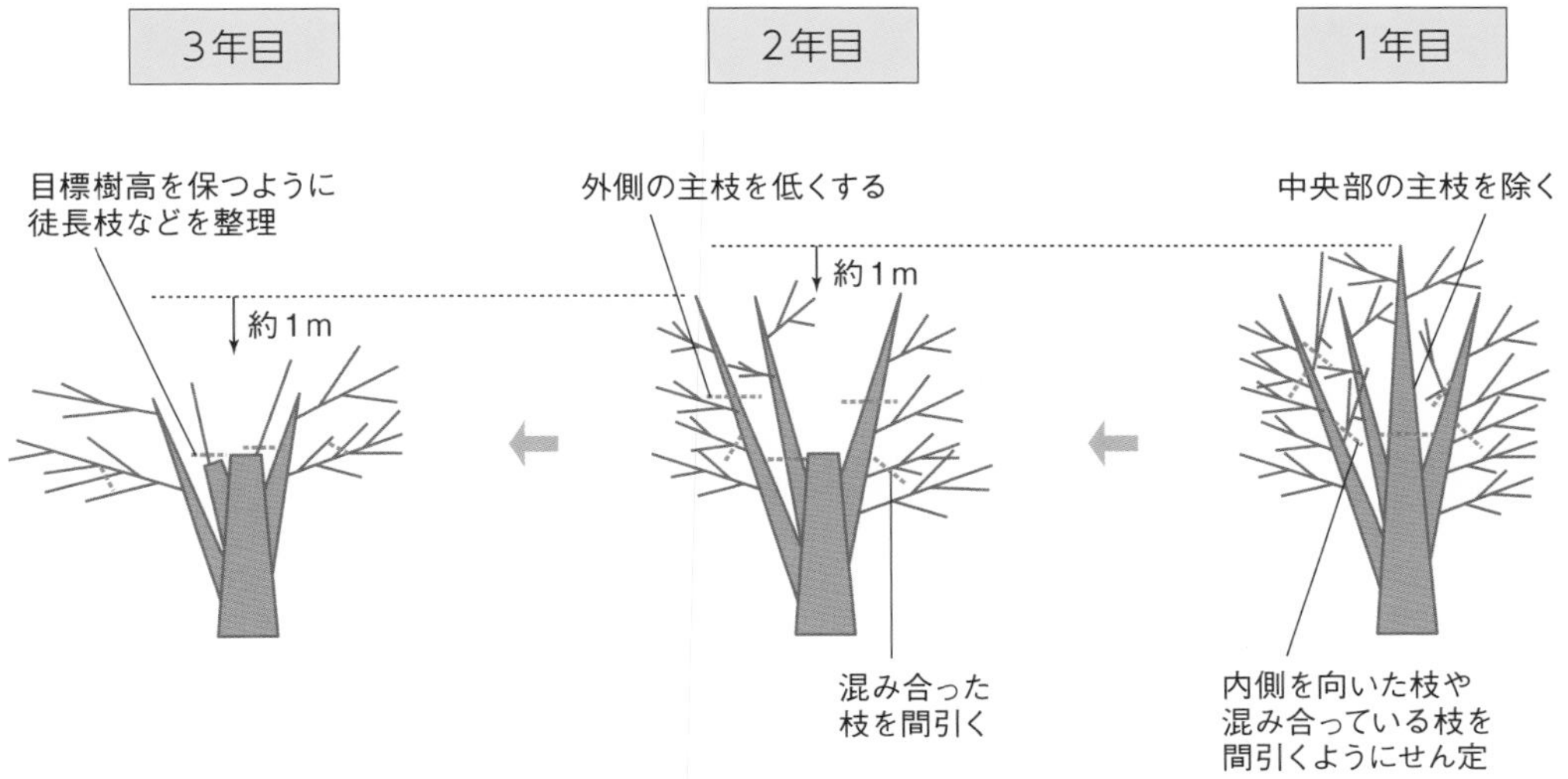
3年目
2年目
1年目
目標樹高を保つように
徒長枝などを整理
外側の主枝を低くする
中央部の主枝を除く
約1m
約1m
混み合った
枝を間引く
内側を向いた枝や
混み合っている枝を
間引くようにせん定

目標は樹高３～４mで、主枝の本数は２～３本、開心形（盃のような形）にできるだけ近い形

無せん定のゆずは、主枝（太い幹）が何本も乱立していることが多い。中央部の主枝を伐採し内部に光を入れる。ただし樹へのダメージを考え、年1m程度を目安に段階的に低くする

せん定後

せん定前

高い樹からラクに収穫するには？

枝引き寄せ棒と腕カバー

鹿児島●内村之重さん

両手が使えるから すごく便利!!
腕カバー
引っ掛け棒

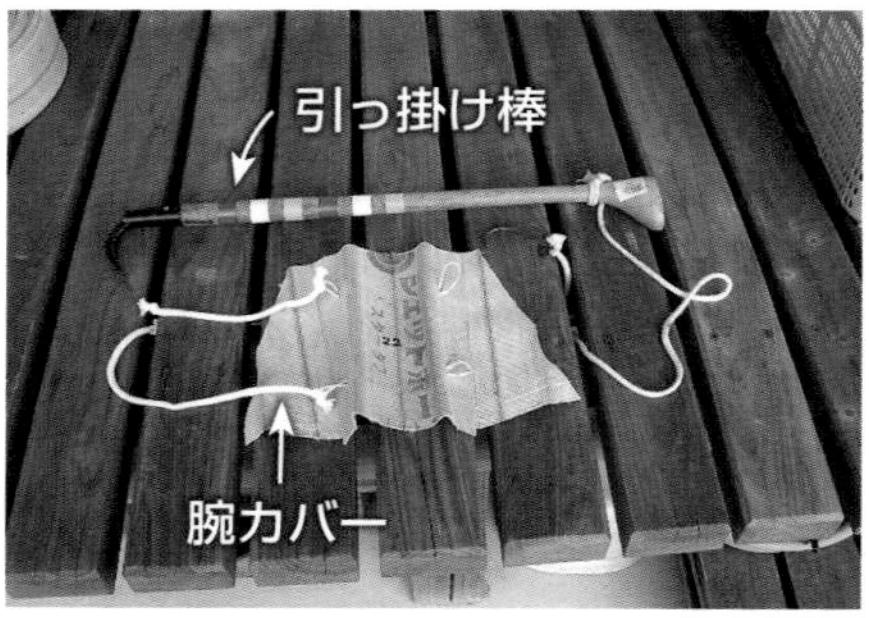
引っ掛け棒
腕カバー

内村之重さんが自作して「ものすごく作業がしやすくなった」という2つの道具。ひとつは引っ掛け棒。脚立の上で作業するとき、遠くの枝を引き寄せられる。カギが付いている棒（ホームセンターで購入）にヒモをつけ、ヒモの先端にもカギをつけた。片方のカギを脚立に引っ掛け、もう片方を枝に引っ掛けて引き寄せて使う。両手が使えるので作業はしやすいし、脚立を移動させなくても広い範囲で作業ができる。もうひとつの腕カバーは、古くなった消防ホースをもらってきて腕に巻けるようにした。生地が分厚いので強烈なゆずのトゲが刺さらない。ゆずの枝を腕で押し退けながら作業できるのでじつに便利。

竹製ゆずとり棒

高知●細見優太

私の家には、前の家主さんが植えた実生のゆずが20本以上あり、少なくとも10年はせん定されていません。樹高

5〜6m。幹回りは平均70㎝程度でしょうか。トゲが邪魔をするので登って収穫するのは困難で、収穫に何らかの道具が必要でした。

　そこで思い付いたのがこの「ゆずとり棒」です。材料は竹のみ。しなりが少なくて軽く、分枝が頑丈な竹が適します。細くて軽い真竹や、重いけど分枝が丈夫な孟宗竹がよさそうです。

　分枝に引っ掛けて引っ張ると、枝から実が外れて落ちるので、それを拾って収穫します。3歳児でもできました。

作り方

1　竹を切り、必要なゆずとり棒の長さを決め、竹のどの部分を使うか見極める（図を参照）。
2　ゆずとり棒に使う部分の不要な分枝の枝打ちをする（棍棒かナタで）。
3　使う部分をノコギリで切り出す。
4　端の分枝を切って、ゆずを引っ掛ける部分を作る。

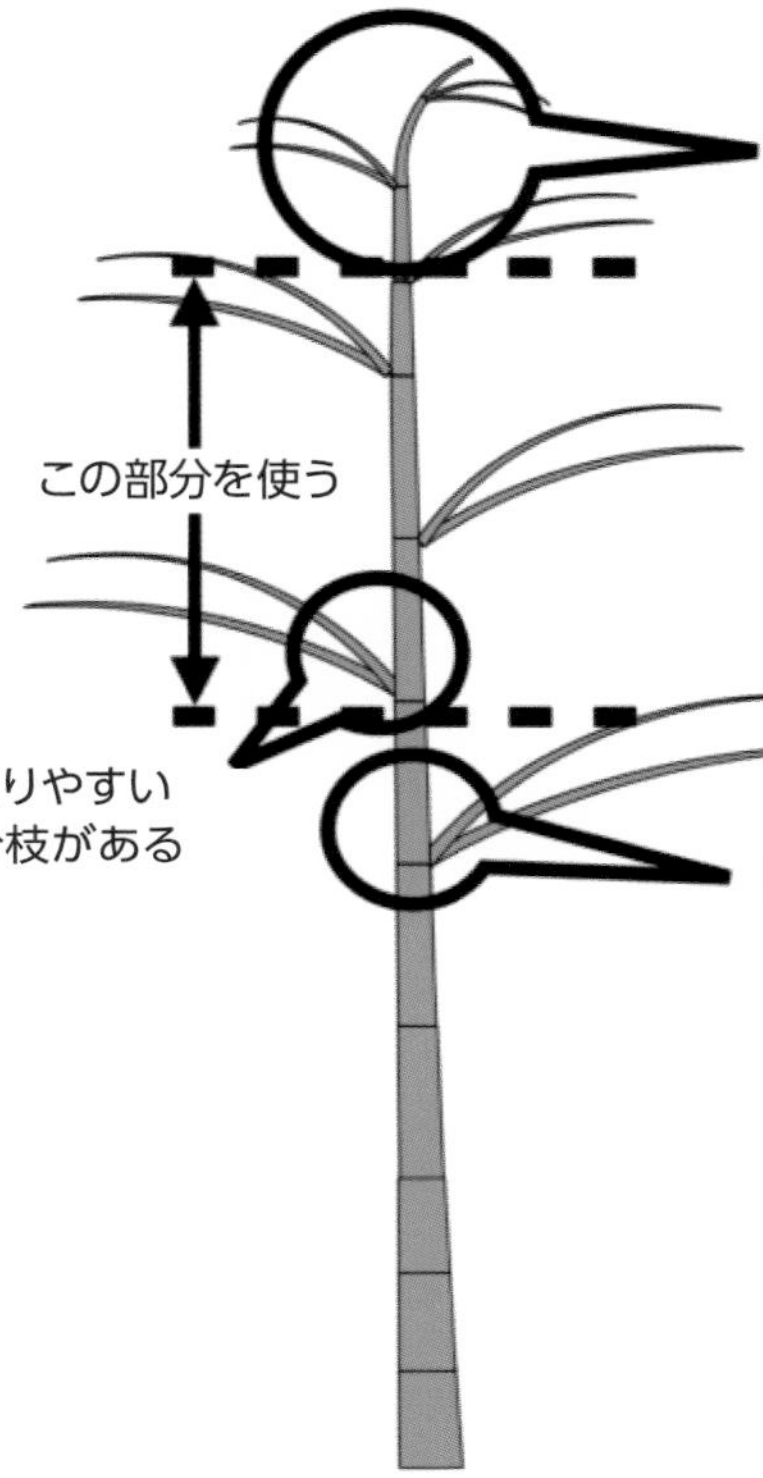
×曲がっている
×細すぎて、ぐにゃぐにゃ曲がる！
この部分を使う
○ゆずを取りやすい頑丈な分枝がある
×竹の直径が太くて、重い！

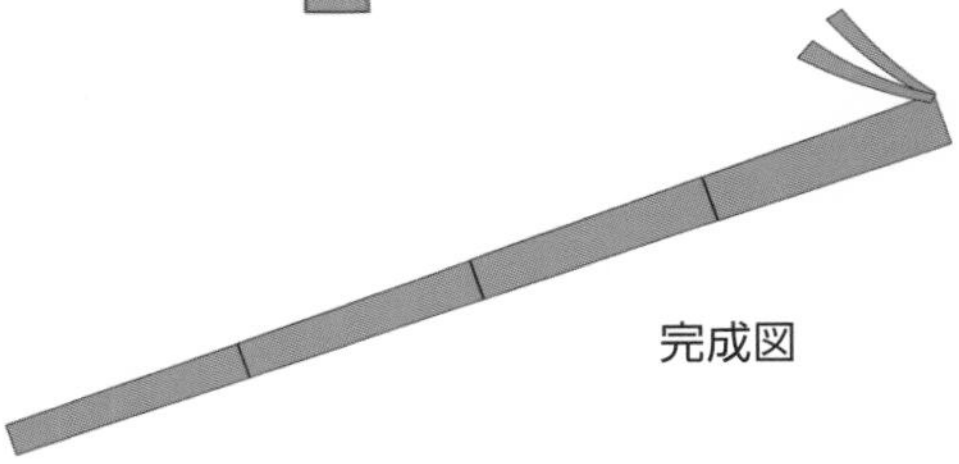

完成図

ゆずの挟み方。このまま引っ張って落とす。2本の分枝の間の角度は45度程度がちょうどよく、60度を超すとうまく挟めない

ゆずとり棒を使う筆者（33歳）。持ち手側が竹の上部なので細い。大人用は4m、子ども用は1.5mの長さで作っている

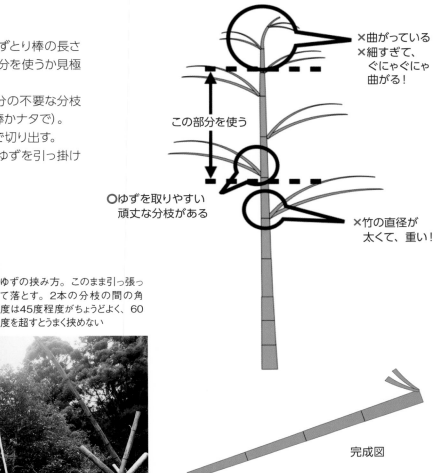

ゆずの搾り粕の使い道は？

●藤原伸介

四国地域では山の傾斜面をいかしたみかん栽培が盛んで多種類の柑橘が生産されています。これらは生食用ばかりでなくジュースや調味料などの食品加工用としても利用され、その搾汁の工程では大量の搾り粕が出るためそれらの後処理に困っています。ある地域ではこういった搾り粕の不法投棄が裁判沙汰になったこともあります。

かつて四国農業試験場に勤めていた筆者は、除草剤を使わない雑草の制御や地域資源の利活用に関わる仕事に従事していましたが、一連の研究の中で、香酸柑橘のひとつであるゆずに雑草の生長を抑える成分が含まれていることを知りました。ここでは、当時取り組んでいた仕事をご紹介します。

ゆずの樹の周りは草が生えにくい

果樹に含まれる機能性成分を調べていた果樹研究室では、さまざまな柑橘類の中でも、ゆずには植物の生長を抑制する特殊な成分が含まれていることを見つけました。ゆずの皮から抽出したエキスをシャーレーに添加して作物種子の発芽を調べると、レタスやトマト、スイカ、ホウレンソウなどの発芽が阻害されたのです。一方、キュウリやカボチャなどには影響がまったく見られず、その作用は作物の種類によって大きく異なることがわかりました。また、乾燥したゆずの果皮を小さく砕いて土を詰めたポットに添加し、雑草への効果を見たところ、スズメノテッポウに対しては無効だったものの、メヒシバ、シロザ、ノゲシなどの雑草は大きく抑えられました。

四国地域でのさる会議でこの話をしたところ、後日、愛媛県の方から、「20年ほど前に実家の裏山に多種類の柑橘類を植えたが、管理不十分で放置していたため雑草が侵入し壊滅状態となった。ただ、その中にあってゆずの樹の周りには雑草が生えにくく、この樹木だけが未だに生き残り毎年果実を実らせている」といったお手紙をいただきました。さっそく、みかん園を訪れたところ、確かにゆずの樹だけが残っており、樹の前でササの侵入は止まっていました。

放棄されていた柑橘園で唯一残ったゆずの樹

雑草抑制成分の正体は？

香川大学との共同研究で、ゆずに含まれるこの成分は「アブシジン酸」とよばれる植物ホルモンが糖と結合したものであること、ゆずの果皮の部分に多く、果汁や種子にはほとんどないこと、採果適期である11月頃に果皮に含まれる量が最大になることなどがわかりました。アブシジン酸というホルモンはいろいろな生理作用を持ち、例えば、乾燥や低温といったストレスに対する植物の抵抗性にも重要な役割を果たしています。

ゆずは、日本では栽培の北限が柑橘の中で最も北にあり、寒冷地でも栽培が可能な貴重な柑橘です。実際、柑橘の中ではとりわけ栽培地域が広く環境適応力にすぐれています。また、低温だけでなく湿害や乾燥にも強いなど、他の柑橘類にないすぐれた性質が備わっています。雑草抑制力を含め、これらすぐれた環境適応力は、ゆずに含まれている本成分のお陰かもしれません。

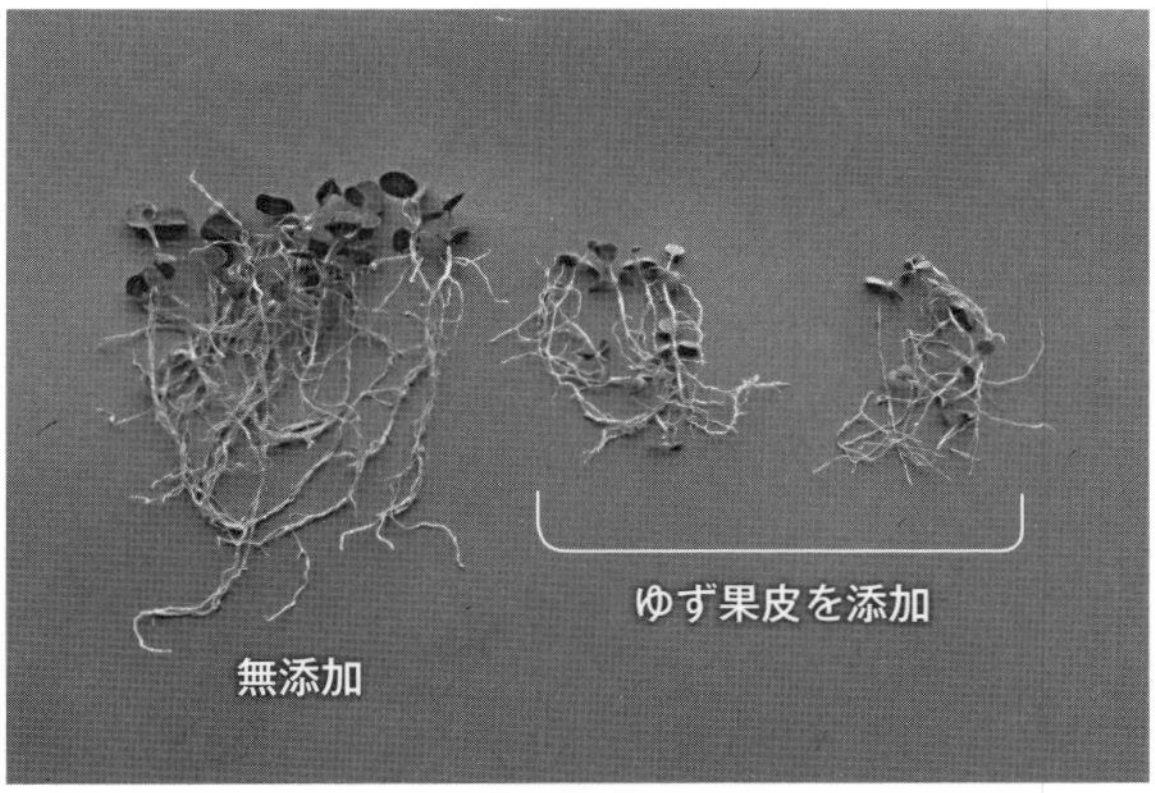

ゆず果皮の雑草抑制効果。ゆず果皮の乾燥物を土に添加して2週間後に雑草（ノゲシ）を抜き取り調査

農耕地で実際に試してみることはできませんでしたが、果汁を利用したあとは捨てられてしまうゆず搾り粕の再利用法のひとつとして、砕いた乾燥ゆず果皮を農耕地に適用してみてはどうでしょうか？　ただ、畑では作物の種類によって生育が抑制される可能性がありますので、樹園地などへの利用が適しているかもしれません。

ゆず粕を堆肥に混ぜると――

ところで、家畜排泄物を堆肥にする過程では膨大な量のチッソが大気中に放出されます。チッソは、リン酸やカリとならんで作物の生産に欠かせない重要な肥料成分なので、チッソの無駄な放出を抑えて効率的に堆肥にすることが大きな課題とされています。放出されるチッソのほとんどはアンモニアですが、このガスは悪臭物質でもあるので、周辺環境のみならず家畜や作業者の健康にも悪影響をおよぼします。

ゆずにはクエン酸を主体とした多くの有機性の酸が大量に含まれています。これらの酸はアルカリ物質であるアンモニアを吸収する働きがあります。酸に吸収されたアンモニアはもはや刺激臭を発することはありません。ゆずの脱臭効果については、煮干しの臭みをとる食材としてゆず皮が利用されてきた実績もあります。そこで、ゆずの搾り粕を使って悪臭を抑えた堆肥の製造に取り組んでみました。

アンモニアを抑えた！ できた堆肥の施用効果も良好

ゆず生産量の多い高知県や徳島県では、ゆず粕を利用した堆肥製造がすでに試みられています。これらは、鶏糞やオガクズ、バーク、あるいはモミガラといった資材と混合したものです。そこで、これらの堆肥を参考にしてゆず粕と牛糞、オガクズを主体にした堆肥を製造し、堆肥化の過程におけるアンモニアガスの発生や作物に対する施用効果について調べてみました。

牛糞に3分の1量程度のオガクズを混ぜ、さらに牛糞の半量〜同量のゆず

図１　堆肥化の過程におけるアンモニアの発生とゆず粕添加の効果

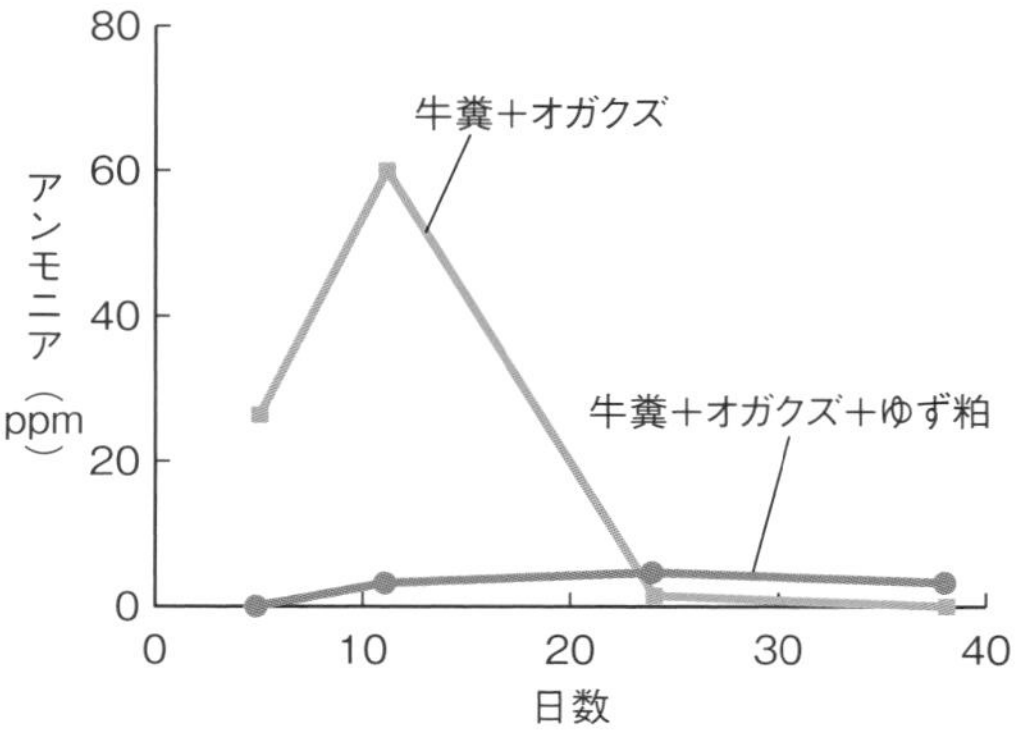

搾り粕を加えて、炭酸カルシウムでpHを調整したうえで、切り返しを行ないながら堆肥化しました。図1は堆積後のアンモニアの発生を調べたものですが、牛糞・オガクズのみでは堆肥化初期に大量のアンモニアが発生するのに対し、ゆず粕を添加したものでは、その発生量は非常に低いレベルに抑えることができました。

さらに、製造した堆肥をサトイモ、サツマイモ、ニンジンなどの根菜類の栽培に用いたところ、牛糞・オガクズ堆肥や市販の牛糞・バーク堆肥と対等あるいはそれ以上の収量を得ることができました（図2）。ただ、残念なことに、ゆず粕を添加したこの堆肥には雑草を抑制する効果はありませんでした。おそらく、ゆずに含まれていた雑草抑制成分は化学農薬のような土壌残留性がなく、堆肥製造の過程で微生物に分解されてしまったものと思われます。雑草に対する効果は消失するものの、ゆず搾り粕の堆肥への利用は、地域資源の循環利用の観点からも推進してよいのではないでしょうか。

堆肥化過程のpHは中性になるように

最後に、ゆず搾り粕の堆肥化における大きな問題点・留意点として、混合した原料のpH調整の問題をあげておきます。

pHが高すぎるとゆず粕のアンモニア脱臭効果が薄れ、また低すぎると微生物の活動が低下して堆肥化（発酵）が進みにくいため、堆肥化過程のpHは中性付近（pH６～７）になるよう工夫すべきです。いずれにしても、各資材の比率、混ぜ方、pH調整資材の種類、投入量、投入時期など、良質なゆず粕入りの堆肥を製造するにはまだまだ改良の余地はありそうです。

（中央農業総合研究センター）

図２　各種牛糞堆肥の施用効果の比較

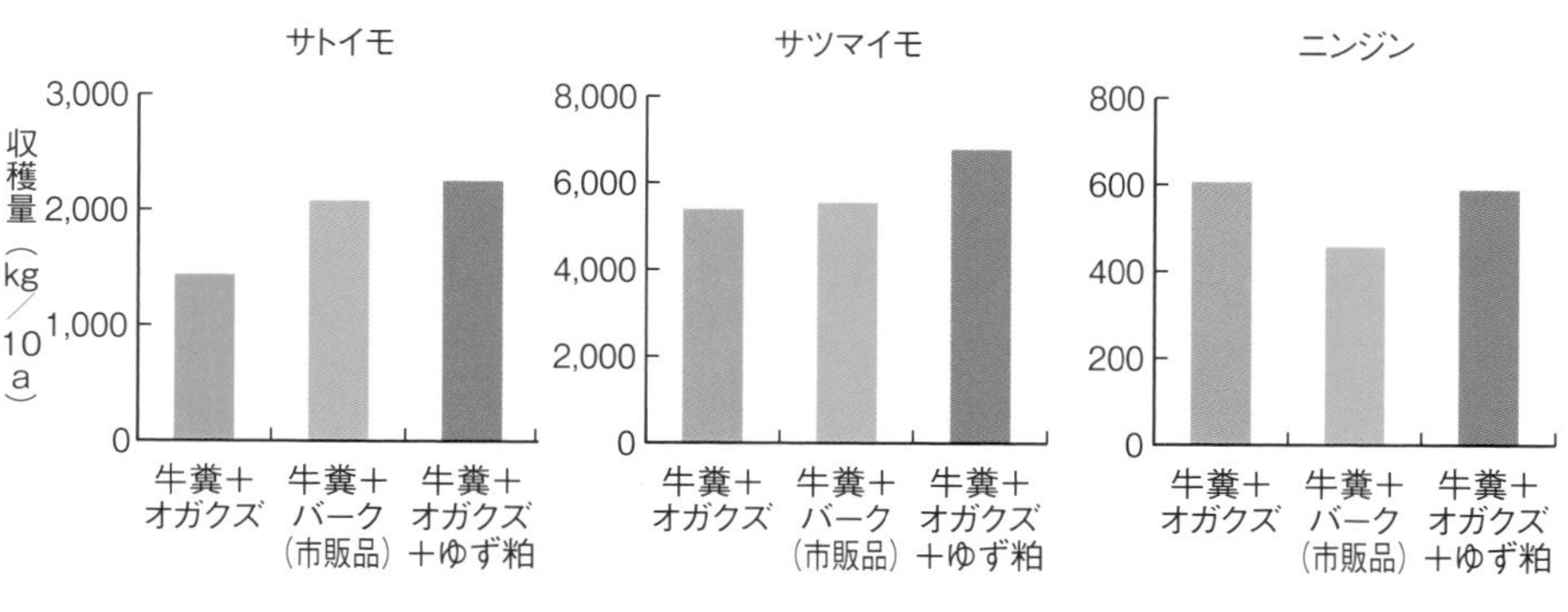

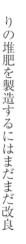

掲載記事初出一覧（※発行年と月号のみの記載は現代農業）

癒しのゆずスイーツ

ゆずのシフォンケーキ　…食品加工総覧2018年追録
ゆずのカップケーキ／ゆずのチーズケーキ……　新規
ゆずようかん　……………………………　2016年1月号
ゆずピールショコラ　…………　うかたま2008年冬号
ゆずの甘酒プリン　……………………　2011年11月号
（以下この号は★）

〈第1章〉

果汁と皮のかんたん保存術

製氷皿でゆず氷　………………………………………　★
丸ごと冷凍もOK　……………………………………　★
外皮、内皮、果汁に分けて冷凍　…　2019年12月号
ゆずの搾り器3種　……………………………………　★
ゆず皮粉末を年中フル活用　…………………………　★

わが家の手作りゆずこしょう

30年作り続けたゆずこしょう　………………………　★
こんな料理にゆずこしょう！………………………　★
香り高き絶品 ゆずこしょうのコツ　………………　★
日持ちする赤ゆずこしょう　…………………………　★
三色ゆずこしょう　……………………………………　★
食べるゆずこしょう　………………　2014年12月号

マーマレード・ジャム

低糖マーマレード　…………………　2019年12月号
ゆずジャム　……『家庭でできるこだわり食品　果物』

保存できるおやつ

ゆずのまるごと煮／ゆず茶　…うかたま2018年冬号
まるごとゆべし、ゆずピール　……　2019年12月号
柚子釜………………………………　2003年12月号
干し柿とゆずの砂糖漬け　…………　2002年11月号
とろ〜り ゆずミルク　………………　2017年11月号
ゆずの柿巻き　………………………　2012年1月号

ゆず味噌、漬け物など

味噌を使わない ゆず味噌………………………………　★
こうじでつくる、さっぱりゆず味噌…　2010年1月号
まろやか黒大豆ゆず味噌　……………　2016年3月号
ゆず入り納豆こうじ　………………　2015年12月号
塩ゆずレモン　……………………………………　新規
ゆずこ　……………………………………　2009年12月号
大根のゆず巻き　…『日本の食生活全集　埼玉の食事』
ゆずと山椒のふりかけ　……………　2012年12月号
ゆずの丸ごと味噌漬け　………………………………　★
乾シイタケのゆず味噌漬け　…………　2019年4月号
ナスの柚香漬け　…………………………　2002年9月号
ゆずの新芽の天ぷら　…………………　2013年5月号
ぽかぽかゆず鍋　………………………　2018年12月号

〈第2章〉

ゆずが身体にいいのはなぜか　………………………　★
ゆずの皮、果汁、タネが身体に効く　……………　★
ゆずのタネは私の万能薬よ　…………　2009年9月号
ゆずのタネ液でフケも止まる／
　ゆずのタネ酢で農作業の疲れがとれる…………　★
ゆず皮発酵液　…………………………　2019年12月号
ゆずのカラカラ搾り粕で、
　いつでもゆず湯　……………………　2017年11月号
搾り粕のゆずの皮で
　柱や縁側がピッカピカ　…………　1986年11月号
乾燥ゆず　………………………………　2002年11月号
傷やかゆみ止めに、お手製ゆず焼酎
…………………………………………………　2013年1月号
きんかんゆず酒　………………………　2015年1月号

〈第3章〉

ゆずってどんな植物？　…………　食品加工総覧11巻
庭先でゆずを栽培するには？　………………　新規
ゆずの樹を低くするには？　………　2004年8月号
高い樹からラクに収穫するには？…　2019年12月号
幼木から低く育てる方法　……………　2004年8月号
大きくなった樹を低くする方法……　2018年12月号
枝引き寄せ棒と腕カバー　……………………………　★
竹製ゆずとり棒　………………………　2019年12月号
ゆずの搾り粕の使い道は？　…………………………　★

＊本書は『別冊現代農業』2020年12月号を単行本化したものです。

撮　影
●赤松富仁
●小倉かよ
●小倉隆人
●黒澤義教
●小林キユウ
●戸倉江里
●武藤奈緒美
●依田賢吾

イラスト
●アルファ・デザイン
●飯島　満
●金井　登
●こうま・すう
●近藤　泉
●角　愼作

編集協力
●本田耕士

カバー・表紙デザイン
●野瀬友子

※執筆者・取材対象者の住所・姓名・所属先・年齢等は記事掲載時のものです。

農家が教える
ゆずづくし
スイーツ・加工と保存・庭先栽培

2021年 8 月 1 日　第1刷発行
2024年 1 月10日　第6刷発行

編 者　一般社団法人　農山漁村文化協会

発 行 所　一般社団法人　農 山 漁 村 文 化 協 会
〒335-0022　埼玉県戸田市上戸田2-2-2
電話　048(233)9351(営業)　048(233)9355(編集)
FAX　048(299)2812　　振替　00120-3-144478
URL　https://www.ruralnet.or.jp/

ISBN978-4-540-21146-1
〈検印廃止〉

DTP制作／(株)農文協プロダクション
印刷・製本／TOPPAN(株)
定価はカバーに表示
乱丁・落丁本はお取り替えいたします。